有界限，

擺脫內疚與情緒勒索，
設立健康的人際邊界

Boundary Boss

*The Essential Guide
to Talk True,
Be Seen and
(Finally) Live Free*

才有自由

泰莉·柯爾

Terri Cole

這本書是獻給世界各地的勇敢女性，她們努力建立健康的人際關係和非凡的人生，這本書是獻給妳們的。我看見妳們了，也很榮幸能在這個轉化過程中引領各位。

獻給我唯一摯愛，Victor Juhasz，因為他堅定不移的支持、關愛和廚藝，我才得以寫出這本書。

獻給家母，Jan Cole，她始終相信我辦得到。

如果不是你，那會是誰？
如果不是現在，又會是何時？

界限大王宣言

- 你有權對他人說「不」（或「好」），且無須感到愧疚。
- 你有權犯錯，調整方向，或改變想法。
- 你有權爲自己的喜好、欲望和需求進行協商。
- 你有權表達和尊重所有的感受，只要你願意。
- 你有權表達意見，即使別人與你觀點不同。
- 你有權獲得尊重、體貼和關懷。
- 你有權決定誰有榮幸能參與你的生活。
- 你有權表達你的界限和底線。
- 你有權以自我感受爲優先考量，而無須覺得自私。
- 你有權利說眞話，被看見，自在過活。

目錄

第二部　付諸行動，我的界限我說了算

前言

- 當你想拒絕時，是否卻仍答應對方？
- 你是否優先考慮別人的需求或欲望？
- 你是否經常覺得在生活各方面都應該做得更多？
- 你是否對所愛之人的決定、情緒和結果投入太多心力？
- 你是否不願尋求幫助，以至於自己扛下大多數的事？

如果上述問題有任何一個讓你心有戚戚焉，親愛的，你就是過度努力、過度付出了，勢必會徹底筋疲力盡。

不過，你翻開這本書就對了。

健康的個人界限，是活出充實、自信和自主人生的關鍵。根據我二十三年來的個人經歷和身爲合格諮商師的專業經驗，對此我深信不移。無論是富裕的千禧世代的雜誌編輯、四十多歲的郊區媽媽，或是離婚的執行長，每個走進我診間的案主都有不同的問題：配偶出軌、有個慣老闆、家庭互動惡劣等。然而他們的煩惱根源都一樣，那就是：缺乏健康的界限。幸好在學習如何建立並執行良好的界限後，就能緩解這種痛苦，而且方法確實有效。

相信我，不是只有你缺乏建立健康界限這種重要的技能，我猜你在學校或家裡都沒學過相關的知識。你怎麼可能了解沒人教過的東西呢？

在缺乏任何指導的狀況下，期望能了解健康界限的語言，就像妄想只要用力許願，一覺醒來就能說一口流利的中文、俄語或其他語言，那是不可能的。就把這本書當成設立有效界限的語言強化課程，例如語言學習應用程式Rosetta Stone®[1]。透過學習和練習，你絕對能越說越流利，一旦做到這點，人生每個層面都會開花結果。你在人際關係中會變得更獨立自主，尤其是你與自己的關係，而這也是最重要的關係。

本書特地寫成指南手冊，就是要教大家成為貨眞價實的「界限大王」。界限大王是指一位女性[2]能夠做到下面這些事：

1 有三十幾種語言的語言學習軟體。

2 作者註：這本書是爲順性別女性所寫，但我深信所有人都能從這些策略與內容中受益。根據我的經驗，界限問題跨越所有的性別氣質。

- 對自己有深刻的瞭解，包括知道失序的界限模式是如何形成、那些界限在此時此刻又會如何阻礙她前進；
- 知道哪些行爲會妨礙她實現眞心追求的願望，又該如何辨識、改變；
- 表達內心眞正的想法，是創造她過想要和值得的人生的唯一途徑；
- 從現在開始就致力於自身的成長。

爲了讓你的行爲與眞正的願望保持一致，我們要花些時間清理你的「地下室」——也就是你的潛意識。那裡儲存你曾收納整齊但轉身就馬上遺忘的信念和經驗，這些雜物會以你並不會完全意識到的方式，影響你的人生。當它發揮作用時，你通常可以感覺得到，因爲你的反應會變得異常強烈，或遠超過實際狀況所需的程度，又或是你會做出違背自身最佳利益或明智判斷的行爲。事後回想，你可能會覺得，自己在搞什麼鬼？

爲了避免讓自己感覺不適，你可能會無意識地忽視你的直覺和身體發出的訊號，這是人之常情。如果你正在現實生活中掙扎，我保證，清理地下室的雜物，你就會獲得有價值的訊息和自我認知，並引領你走向自由之路。

不願舊事重提是正常反應。一開始我提議前往地下室時，許多案主也表示反對，他們會說：

「那都是好久以前的事，我早就不放在心上了。」

「我不想怪我爸媽。」

「我童年過得很快樂！」

如果可以不必清理地下室，就能教你成為界限大王，那我肯定會這麼做。（話先說在前頭：這趟旅程並不會怪罪任何人。）我會全程指導你，握著你的手，用我的頭燈照亮前路。

為了讓你成功，我們先花點時間瞭解邁向界限大王的旅程需要做些什麼，以及為什麼這些事情很重要。

建立、溝通，並且維持健康、有活力和富彈性的界限，我們才可能擁有滿意的人生。

對於那些長期處於「他人優先」的自動模式，或過度討好狀態的人，聽到著名心理學家兼婦女問題專家海芮葉·布瑞克博士（Harriet Braiker）所探討的「取悅症」[3]，可能會覺得晴天霹靂。沒錯，你必須放慢腳步，走出舒適圈的老套路，去瞭解表達和保

---

3 作者註：《取悅症：不懂拒絕的老好人》（The Disease to Please）第一頁，作者為Harriet B. Braiker，二〇〇一年由紐約市的麥格羅希爾出版社（McGraw-Hill）發行。

護你的眞實自我。隨著你更有自信地設定界限並勇於說出眞話，你會更瞭解、也更欣賞眞我。那時，看似危機的時刻也會成爲轉機。

不健康的界限模式，往往是因爲你搞不清楚哪些事情才是你的責任。例如我們可能認爲別人的痛苦或衝突得由我們解決，但其實他們的情感經歷和問題，絕對得由他們親自處理，那是他們的事情。這本書關心的是「你」和「你的事情」。

明白什麼才是自己該處理的事情，改變就容易多了。這些方法要奏效，需要你專心一志的意念。爲了改變，你必須願意嘗試新事物，這個過程需要努力，而這些努力也絕對值得你付出。

本書架構

在本書的第一部，我們將收集與你有關的資訊，並對你人生各方面進行誠實的盤點，找到妨礙你設定界限，或在溝通方式遇到困難的具體經歷、影響和錯誤資訊。我們將探索你的「界限藍圖」，幫助你更清楚認識意識和潛意識這兩者與界限的關連性。這些與界限有關的方式受到你在成長過程的影響，包括家庭教育方式、你在原生家庭中觀察到的事物，以及你所處文化的社會規範。許多人認爲在這個過程中會令他們感到解脫。這種後天習得的行爲不是你的錯，但現在搞清楚來龍去脈絕對是你的責任。有了正確的工具和指南，你就有能力重新繪製屬於自己的藍圖。

第二部會教你如何說一口流利的界限語言，並根據你的新覺知往前小步邁進。所有的工具、策略和腳本都能按照你的風格與舒適度量身打造。這世上沒有一種適用於所有人的界限策略，因爲你是獨特的，所以你建立關係、表達界限偏好以及底線的正確方式也是獨一無二的。

書中還會介紹如何按部就班制定「逆勢出擊計畫」，這些必要的策略是爲了從被動設定界限，轉爲積極出擊。有些人在你明確表達界限後仍置若罔聞，我們會討論如何與這些人交手，也會討論規則不適用時該怎麼辦，尤其是面對「界限破壞王」、自戀狂和其他難以相處的人。

在過程中，你將接觸到你的內在小孩，也就是小時候某些需求未得到滿足的部分。初次聽到「內在小孩」的概念時，我尚未成爲諮商師，當時只覺得那是鬼話連篇，這個概念聽起來太柔弱、站不住腳，就像魔力信念[4]。其實未解決的童年傷痕對我們的人

4 magical thinking：認爲思考某件事，或希望其發生的信念，就可以使其發生。

際關係的確有負面影響，我漸漸發現內在小孩需要以非常眞實的方式來照護（第八章會更詳盡說明）。你現在需要做的就是敞開心扉，想想你對當下事物的反應可能追溯到，好比說，五歲的你。你會讓五歲幼童爲婚姻或家庭做出重大決定嗎？你會讓五歲的孩子決定職涯發展嗎？當然不會。

這就是我們該對自己發揮同理心之處。唯有如此，我們才能充分意識到自身的偏差行爲。這個過程包括進入心靈地下室蜘蛛網密布的角落，找出可能令人不自在的回憶，但請放心，重點不是陷在過去。只要把線索回溯到夠遠的地方，你就會發現需要注意的事件或經歷。辨識最初的傷害會讓你承認、處理和正視內在小孩的經驗。瞭解童年經歷，會以深遠的積極方式影響你目前的人生。

爲了提醒你要以同理心對待自己，我在第六章會提供策略，幫助你辨識你的內在小孩何時可能被觸發，這樣你就能擺脫舊反應，並以成年的自我選擇對你最有利的回應，這就是所謂的3Rs策略（Recognize-Release-Respond，辨識—放下—回應）。

如果你像我之前許多的案主和學生一樣，這項工作帶來的啓示將激發一連串的情緒，包括希望、疲憊、焦慮和興奮。有時候，你可能會覺得自私，當事關改變現有關係中的默契，以及優先考慮你的感受時更是如此。對某些人而言，一想到改變人我界限就會感到恐懼、內疚和羞愧。我會被我愛的人嘲笑嗎？我單方面改變互動規則，是不是拒人於千里之外？

培養這套技能時要知道，真正且能持續的變化得一步一步慢慢來，透過逐步採取正確步驟，你才能學會改變。從本書的第一部（收集資訊）到第二部（把資訊轉化成新的行為模式和選擇），得經歷一段相當崎嶇的學習歷程。要擺脫根深柢固又自毀的態度和行為，你需要耐心和自我慈悲。

當你反思自己的界限謬誤時，可能會感到尷尬、後悔或丟臉。請你明白，過去的行為並不能代表你這個人，那只代表你當時的認知。這本書和你個人的轉變過程也不帶任何批判，如果有時你覺得自己一團糟，我反而要鼓勵你，慶祝一下吧！因為你正在做百分之八十的人永遠都做不到的事情，你正在改變，邁向全新的自己。況且，你也是人，放過自己吧。

然而，有件事需要注意：你是負責撰寫關於自己使用說明書的人，出現在你生命中的每個人都會「閱讀」這本說明書。如果你感到不受尊重、被輕視，或被視為理所當然，這就表示你該重寫你的使用說明書了，同時你也要為自己和他人設定更高的標準。關於這點，你絕對做得到。

為了成功，我鼓勵你在家裡打造一個安全舒適的空間，幫助你關注你的內在世界，我把這個神聖的地方稱為「禪修角落」。你的禪修角落是靜坐、寫日記、進行身心整合練習的完美場所，在之後的章節你將會學到這些練習。

一本書的使用方式一

無論你習慣什麼樣的閱讀方式，我要告訴你：這本書必須照順序讀下去。為什麼？因為每一章都是建立在前一章所打造的基礎上。

為了幫助你運用所學的新知，在每一章我都提供了重點提示、自我評估和練習，這些都是我在與案主和學生合作時所使用的技巧，對於能實現你期望的結果也非常重要。

- **前言：**我在每一章最前面都會將本章重點先做條列式闡述，讓你有基本概念。
- **自我評估：**這是快速而即時的自我評量，能幫助你量身訂製個人化的資訊，並立即帶入你的獨特經歷中。

- **界限大王練習：**我在每一章的最後會提供兩種方法，教你練習新知。其中，初階練習能幫助你提升自我覺知；進階練習則提供整合練習（本書最後另有補充），幫助你創造長長久久的改變。此外，我偶爾也會提出進行高階練習的建議。
- **界限大王特典補充包：**你可以上網搜尋BoundaryBossBook.com/bonus，獲得獨家的正念工具、引導式靜坐，以及補充策略。

你問我還有何建議嗎？我會說：按照自己的節奏前進，選擇適合你的方法，其他就別管了。當情況變得越來越棘手時，就放慢速度，讓自己冷靜下來，深呼吸。想想你正在學習的方法，並加以運用。給自己一點空間和時間，等準備好後再重新出發。探索內心世界會激發強烈的情緒，注意觀察並傾聽那些感受。問問自己是否需要休息一下、出去走走，還是打給朋友或專業人士。

你的心理健康和安全感是你的責任，而且永遠是首要任務，所以在這趟旅程中，請好好照顧自己。我保證，只要你願意付出努力，你將在人生和人際關係中看見並感受到正面的成效。

雖然成爲界限大王需要時間，但學習如何設定和執行卻不會耗時過久。只要堅持下去，在看完這本書之後，你就會擁有相關的技巧和智慧。你會有系統地淘汰那些影響你錯誤設限的資訊，把畫地自限的慣性思維模式轉變爲獨立自主、有意識的信念和行動。你將爲積極、持續的變化鋪出康莊大道，繼而在所有人際關係中感到更滿足、自信和平靜。這些改變是基於你眞正渴望的事物，而不是從別人那裡所接受毫無價值或對自己無益的觀點。你獲得的自我認知將強而有力地影響你的人生下半場。

請把本書當作我發自內心送給你愛的贈禮。二十多年來，我見證了這個過程如何改變人們的生活，使健康邊界的語言和實施方式更容易理解並行之有效。截至目前爲止，我已經指導世界各地成千上萬的女性，以她們自己的方式成爲邊界專家。帶領你活出你專屬的獨一無二、能自主掌控的人生，是我的使命。

準備好了嗎？

現在就開始吧！

I

第一部

追溯過往，發現邊界困境

第一章　從界限魯蛇到界限大王

本章重點

- 無效的溝通技巧會導致界限薄弱或界限失守。
- 在改變你的界限行爲時，你會發現自己其實擁有更多選擇權，而這些選擇權遠遠超過你會意識到或實踐過的範圍。
- 無論目前你有什麼樣的界限模式，都可以學會如何建立健康而充滿活力的互動新模式。
- 設立界限沒有放諸四海皆準的策略。因爲你是獨一無二的，所以你理解和表達界限偏好，以及正確處理底線的方式也是獨特的。
- 關於你如何對待自己（內在界限）和別人如何對待你（外在界限）的使用說明書，要由你自己撰寫。

我在二十多歲那段期間當了八次伴娘。八次！

我本應禮貌地婉拒至少一半穿那些醜陋禮服的機會，但卻不知該如何說「不」，或者說，「我才不要，」甚至是，「我很願意慶祝妳找到真愛，但我有急事要處理。」（比如說，我當時是個二十二歲的窮人，在紐約艱困度日，因此得去挖快見底的撲滿，用硬幣來支付地鐵費用。）我和準新娘只是在餐廳端盤子時代的舊識，我哪有錢去參加婚禮？然而，比起銀行帳戶餘額少得離譜，我更擔心準新娘會失望，我不希望別人認爲我無禮、白目，最糟糕的就是認爲我不「友善」。如果我說「不」，就是拒絕雀屛中選的榮幸。我哪有資格這麼做？

光是這種恐懼就逼我得忍痛掏出幾千美元（你好啊，卡債），而且參加這些婚禮的人也不是我舉辦新家派對會邀請的對象（前提是如果我買得起房）。想當然耳，我會覺得有壓力，感到不滿。這些暗藏在心裡的情緒會在單身派對、彩排晚宴上突然爆發，或是只要瞥見衣櫃深處的一九八〇年代藍綠色、大墊肩之類，這輩子絕對不會再穿的洋裝時，我就可能大暴走。這一切是爲了什麼？就因爲當年我很「榮幸」被邀約，即便我根本不想參加。現在回顧過去，我只想說：「閃邊去啦！」

我總是受邀擔任伴娘，背後隱含更大的問題，而且是數以百萬計女性的共同症頭：不健康的界限。沒錯，在人生各個領域難以建立、執行和傳達健康的界限，這其實是種傳染病。不良界限的代價極高，導致人際關係衝突不斷，失去平衡，無法支配自己的時間，情緒也委靡不振。妹子，你有時間搞這齣嗎？不，你忙得很，根本沒空。

就我界限失守的狀況而言，我因爲擔心別人失望，因而妨礙我運用基本常識。我本來可以做出不同的選擇，我本來可以決定如何安排寶貴的時間和金錢，我本來可以說：「不了，多謝，那件衣服超噁的，妳的未婚夫也一樣。」（他居然在訂婚派對勾搭我！）這麼說吧，我有很多選擇，但在施展界限肌肉時卻有重大障礙：我甚至不知道我有選擇。

你也一樣。無論你目前的人生境遇如何，你也有選擇。

過去二十年來，我身爲執業諮商師，主要案主多半都是有界限問題的女性。從反覆無常，到過於缺乏原則，再到不夠有彈性，就某種程度而言，她們都算是界限失守。有些案主非常獨立，凡事一肩扛，從不要求或允許別人幫忙做任何事情。她們不讓計程車司機把重得要死的行李搬進後車廂，也會阻止裝袋員幫忙把雜貨裝進袋子裡（其實這些事情，都是他們的工作）。她們會說：「我來就好，謝謝。」有些人則太過勉強自己，慣性討好別人，以至於賠上自己的幸福。所以他們想拒絕時會說「好」，例如同意（再次）主持親師會募款，儘管他們得同時應付忙碌的工作，還忙著處理賣掉房子的煩心事。

如果你在這些不健康的例子中看到自己，放心，你並不孤單。目前我們正在收集資訊，了解你認知界限的獨特方式。這個過程將點出你該往哪個方向努力。

無論我們在社群媒體上看到多少迷因梗圖，例如「『不』就是完整的句子！」或「水水，你辦得到的！」但如果我們始終沒有健康的界限，要了解和表達眞我就複雜多了。

糟糕的界限原則令人疲憊，只會上演浪費時間與心力的戲碼。你可能已經知道，在私生活中不斷滅火很費力。當我們陷入不良界限時，往往沒意識到就是自己無意間點燃火苗。爲了防止這些會分散注意力造成的干擾，我們必須回溯最早的影響因素——可說是犯罪現場——也就是最初在哪裡受傷，又是在哪裡學到固有思維。

爲了闡述最初的創傷如何導致不健康的界限及衝突，我們要回溯記憶。我會分享自己如何從「界限魯蛇」逐漸進化成純熟「界限大王」的心路歷程。希望你能從我的故事中看到自己的影子，獲得信心，知道你也能用自己的方式成爲界限大王。

自我評估

你如何理解個人邊界？

以下是常見的界限問題。你在這些問題中看到自己的影子嗎？

◆即使你心裡想說「不了，多謝」，但是否仍會說「好」，或是「好，我會為了你出席。聽起來很棒，真等不及了！」

◆你是否會為了別人，而給自己造成不便？「當然，我會幫你照顧貓咪一星期，因為你不想付錢給專業人士！」（儘管住布魯克林會使我的通勤時間增加一小時，而且你的貓討厭我。好吧，也許我也不喜歡牠。）

◆如果你對朋友的行為有意見，會不會臨時避不見面，以免說出真心話？「喔，我很想見你，但工作太忙了！」（如果不是演很大的朋友，我可是隨時有空。）

◆你是否會以冷暴力表達憤怒，而不是平靜表達情緒？（「隨便啊，虧我已經按照你的要求改變計畫，不過沒關係啦！」）

◆你什麼都親力親為，以致你凡事都一肩扛？「我可以！」（儘管我已經快累死，苦不堪言，而且默默在腦中列出一大串應該回報我的人。）

被壓抑的童年情緒

童年時期，我對「界限失守」和「無效溝通」的所有知識，都是從兩個人身上習得的，而他們在生養孩子之前幾乎沒有任何生活經驗。

母親十九歲時懷了我大姊，當時她才剛當了三個月的大學新鮮人。從此她沒再復學，在紐約州格倫斯福爾斯市的長老會教堂後面的辦公室與我父親成婚。接著在不到六年的時間又多生了三個女兒，我是最小的那個。

他們在紐澤西州郊區把我們養大，讓我們看到傳統父母角色的樣貌。父親負責養家，是管理層的白領階級，週末會打打高爾夫球，拚命灌酒（酗酒等級相當於「廣告狂人」喝掉的馬丁尼），認爲下班回家就要看到做好的晚餐。母親處理其他所有家務，她充滿愛心與慈悲，是個會呵護孩子的家庭主婦，既照顧我們，也照顧我們的所有朋友。

我們家就像許多家庭，不但溝通曖昧，還屋漏偏逢連夜雨地外加情緒障礙。父母的原生家庭都避免公開討論任何痛苦或問題。這就是問題的核心·無效的溝通技巧造就了薄弱或失守的界限。

雖然父親沒有暴力傾向或虐待行爲，但我們都深怕無法獲得他的認可。母親會小心翼翼地避免惹他生氣。除非出了什麼問題，否則姊姊和我很少聽到他低沉的嗓音。父母在我十三歲時離異，之前我和他說的話可能不到一百字。

整體而言，他的缺乏溝通導致無法與家人交流情感。即使他在家，也不會陪我們。當他說：「嘿，運動迷！」時，意思就是他現在要看高爾夫球轉播了。即使我們姊妹可能正全神貫注地看著「火爆浪子」的最後五分鐘（想像一下，當時奧莉薇亞・紐頓・強即將從乖乖牌，轉型為穿緊身衣、抽菸的八〇年代妖女），但只要聽到他的「運動迷」提示，我們知道就只能有一個反應，那就是說：「沒問題，掰掰！」其實我們都不爽不能好好看完電影，但我們卻裝得毫不介意。老實說，因爲我們根本別無選擇。

最有力的家規往往是心照不宣的。例如就我家而言，我們都非常清楚父母對各自的責任有個隱而不宣的共識：爸爸養家餬口，媽媽負責家務、照顧家庭。也許我們家不言而喻的最重要協定，就是避免直接表達憤怒。就像我可以感覺到活潑外向的媽媽對爸爸敬而遠之，就深怕踩到他的地雷，我直覺知道表達憤怒是禁忌。

人類，甚至是小小孩，天生就知道要盡量少接觸感知到的危險。童年的訓練讓我學會了察言觀色、觀察環境，評估威脅程度，避免衝突。任何人的憤怒都有危險。我努力避免惹父親生氣。我和姊姊一樣，都不會表現眞實的感受，就因爲我們家不方便或不能接受。但情緒也不會「噗」地一聲就神奇消失，而會深藏在內心裡。這可不妙。

我們家四個青春期少女會用摔門、罵髒話來發洩壓抑的怒氣，如果父母不在家，彼此偶爾也會出拳相向。姊姊透過翹家、交壞男友、吸毒和酗酒等方式，間接並戲劇化地發洩她們的憤怒，以及對家人透露的感受。在這些情況下，當時父親的不悅和母親的悲痛，在我腦中留下深刻的印象，我暗自發誓，絕對不能讓自己引發這兩種情緒。不是我克制力強，其實我大半都犯過錯，只是會小心別被逮到。

我因此學會隱藏眞實感受，進而將這些情緒轉化爲別人比較能接受的情緒（例如把憤怒轉成悲傷），並且忽略內心的直覺。這種策略保護我不致招人反感，也緩解我最原始的恐懼，就是如果我斗膽推翻潛規則，就會被踢出家門。離家上大學時，我已經對不健康的溝通方式、失守的界限和亂七八糟的應對技巧習以爲常。我就是個徹頭徹尾的「界限魯蛇」。

自我評估

童年時的你，被禁止擁有哪些情緒？

在童年時期，你有過被阻止、懲罰或禁止表現的情緒嗎？請在方框內打勾。

□快樂：喜悅、滿足、幸福感
□悲傷：失望、無助、冷漠
□恐懼：不安全、受威脅、誘發戰—逃—靜止不動的反應模式
□厭惡：反感、不贊成、拒絕
□憤怒：敵意、煩躁、沮喪

要成為成功的界限大王，你必須允許自己感受所有情緒，這要先從意識到你不願再回想的情緒開始。

我的酒鬼青春歲月

成年之後，我繼續維持不健康的界限模式。我成了病態溝通的高手，擅長冷嘲熱諷、漠視，偶爾撒個充滿敵意的謊言，例如：「我說過了，我很好！」我也越來越擅長暗地操弄人心，也就是我操縱的人（通常是男友）壓根兒沒發現，我表面看起來天真

無邪，其實背後自有心機。暗地操弄人心確保我能得到認同，避免衝突，又能讓他們開心。同時我還可以背地胡作非爲，例如與前男友出遊，或和我的姊姊在城裡跑趴。試圖操弄他人、控制局勢，是爲了得到安全感。這種策略在失靈之前一直都有效。

我整個童年都無法表達眞實情緒。我在大學時代找上諮商師之後，在過去三十年來都一直都接受治療。

在我開始接受心理諮商前，還沒聽過「界限」這個詞，不知道自己是因爲不知如何設定界限而導致人際關係失序，繼而影響到人生各個層面，包括我的社交及溝通方式。因爲大學時期是即使不酗酒的人也會狂喝的年代，到了大四，我已經多次因爲喝酒導致嘔吐、昏倒和斷片。之前，喝太多的父親先爲我樹立了「榜樣」，愛玩、失控的姊姊也紛紛效仿，打從十四歲開始，我就和她們一起喝烈酒。等到我上大學，我以爲喝掛之後的脫序行爲很正常，但我的諮商師碧芙顯然不這麼認爲。

在我隨口提到自己喝掛的豐功偉業幾星期後，碧芙對我投下一顆震撼彈。「如果妳不參加戒酒計畫尋求協助，我只好終止我們的諮商關係。」

慢著，什麼？諮商師要和我分手？

儘管我對她的最後通牒感到震驚，但我對自己想要尋求協助的直覺反應更驚訝：我全身如釋重負。我解脫了，而且是超級解脫。在我內心深處，早在理智考慮該永遠放下米勒啤酒之前（別罵我！我當時只是個大學生），我就知道身體的眞實反應。酒精會阻礙我的成長和幸福，只要我企圖用酒精弭平憤怒、悲傷和恐懼的感覺，我就會持續自毀行爲。於是在大四畢業前三個月，我戒酒了。

每個人都可以打好人生的牌局

戒酒讓我對健康的內在邊界概念有了更深刻的認識。內在邊界就是你能否調整與自己關係的好壞程度（詳細內容請見第七章），例如你是否先傾聽自己的需求？你能爲自己的行爲負責嗎？這是我人生中第一次眞正審視我與自身的關係。之前我甚至從沒意識到與自己建立關係是件重要的事情。

我也沒發現，要在人際關係中建立健康的界限，需要先有健康的內在界限以及良好的自我關係。如今酒精不再蒙蔽我的視野，我開始問自己一些困難的問題，例如：

- 我是否會信守諾言，貫徹對自己的承諾？（不一定）
- 我是否會對生命中的其他人信守承諾，說到做到？（不見得）

• 我的自律、時間管理、衝動控制和情緒自我調節能力如何？（有待努力）

當時我二十二歲，未來會面臨許多任務與挑戰，但那可是我人生第一次頭腦清醒。截至當時，心理諮商爲我帶來最深刻的領悟是：無論這一生拿到什麼牌，我不但可以要求換一副牌，還可以創造一個全新的遊戲。這層體悟激發我的想像力，也促使我改變。

我熱中於探索自我、追求個人成長，所以畢業多年一直回去找第一位諮商師碧芙。每週一晚上，我準時趕晚上七點的通勤火車，從紐約的賓州車站到她位在長島的小鎭診所，在午夜左右回家。每週持續不懈直接反映出我的信念：只要堅持自我探索、自我治療，人生就會越來越美好。是的！我可以選擇以更有自信的方式活出我的人生。不過我還有段漫漫長路要走，才能在日常生活中眞正理解到底該怎麼做。

踏上尋找眞我的職涯之路

二十五歲時，我第一份眞正的工作是在光鮮亮麗、但界限模糊的娛樂圈當經紀人。呃，這個環境不算有益心理健康，不存在一般商界顯而易見的教戰守則，下班之後和選角導演、客戶應酬、聚會是工作的一部分，私生活和公事之間的界限模糊。雖然我已經戒酒，接受心理諮商，但我依然還是個「界限半調子」。

儘管如此，我仍努力維護自己搖擺不定的設限技巧。「不行，你不能因為別人忘了送氣泡水去你的更衣室，就在凌晨三點打電話給我。」其實我才剛開始了解，無論於公於私，別人要如何對待我，我都有選擇。

尚未純熟的設限技能並未妨礙我施展抱負。我穩定晉升，並在五年後成爲一家橫跨美國東西兩岸的經紀公司在紐約分部的負責人，爲超級名模和名人搞定五位數或六位數的合約。很厲害吧？

嗯，也不盡然如此。

光鮮頭銜的背後是痛苦的現實。我成了壓力山大的工作狂，常把優格霜淇淋當晚餐，一旦有誇張戲碼要上演（這種事幾乎整天不間斷），我就抽根我最愛的百樂門香菸。除了管理客戶的工作外，我還經常捲入他們私生活的鬧劇中。我也覺得有責任解決下屬、好友和親人的人生問題。不知不覺，我認爲他們的爛攤子都歸我管，而我肩上已經負擔過重。我非正式地爲每個人進行諮商，就連有感情困擾的郵差都不例外。雖然我過度努力，但我的人生仍一團亂。

等到我瀕臨崩潰時，我再也無法否認，我關心模特兒是否戒掉癮頭、接受諮商、治療飲食失調的程度，遠超過爲她們爭取高額的潘婷廣告或電影合約。我已經演變成看重人的身心健康，更勝於獲得金錢利潤。我需要徹底轉換職涯跑道。

我希望的職涯是能符合迅速茁壯的眞我，於是便去紐約大學進修社工碩士課程。基於經濟考量，我無法辭職。雖然是全職學生，我還遠距工作管理Elite模特兒經紀公司的電視部門，並在紐約大學帝勢藝術學院(Tisch School Of The Arts)擔任兼職教授，教表演課程。爲了同時兼顧研究所和兩份工作，我必須每天、甚至每時每刻都不斷運用我尙未成熟的邊界技巧。

想做好教師這份工作，我必須清楚制定課堂規則（明確的界限／限制／期望），並確實執行（不准討好別人）。在研究所上課時，我需要進一步發展戒酒後的內在界限（信守我對自己的承諾），所以我得了解並且優先考慮自己的需求、偏好和欲望，執行邁向成功的必要事項（堅持我的時程表、拒絕邀約、不要為了每個身陷危機的親友奮不顧身）。

設定更好的界限，也意味我必須授權給經紀公司的下屬。對一個剛開始邁向正道的控制狂而言，這一點尤其困難。

等到兩年後畢業，我在許多方面都獲得成就，尤其是我剛習得的界限敏銳度。當時我三十三歲，在設定界限和人際溝通方面的大躍進讓我引以為傲，壓根沒想到人生即將出現最大的界限考驗。

喪父與罹癌，人生劇情超展開

就在我翻開人生新篇章時，這世界給了我一記重拳，逼得我重新檢驗人生：父親驟逝，不久後我又被診斷出罹患癌症，開了兩次大刀、進行放療。這些事情都在一年內發生。

喪父，並且在三十出頭就面對自己的生命有限，這個雙重打擊促使我好好省思自己。

儘管我接受過多年諮商，但我依舊難以擺脫「關懷強迫症」，這種根深柢固的習慣，就是把別人的問題當成自己的問題，罪魁禍首絕對是經年累月的界限失守。沒錯，我已經學會對某些邀約說「不用了，多謝」(不再當不甘願的伴娘)，但我尚未徹底審視自己始終優先考慮別人需求的內心感受。

多年來，我一直繞著別人的人生打轉，終於要自食惡果。長期承受壓力導致我罹患危及生命的疾病，我需要紓壓的空間。為了得到這樣的空間，我必須深入瞭解我為何自覺有必要對每個人、每件事負責。在等待醫生確定診斷結果時，我記得我心裡想著，我還有很多事情想學想做。眞希望我還有時間。

這時好比房間的燈光大亮。沒錯，理論上，我明白我可以選擇如何爲他人和自己挺身而出，但我需要比以往更有意識地做出這些選擇。這個頓悟就是我成爲界限大王所需要的最後動力。如今看來，我認爲，從轉換職業跑道到癌症緩解的這段時間，是我個人的「界限訓練營」。我經歷了界限發展的所有階段——新的自我覺知，接著是認識自己、接受自己和關懷自己，最終在十年內成爲界限大王。

因爲自己曾走過這一段，所以我更想減輕他人的痛苦、指點你在哪個層面絕對能有選擇、告訴你如何輕鬆且優雅地做出決定。根據自身經驗，我知道追求情緒健康的路途多麼需要被呵護，又有多漫長，有時甚至會崎嶇不平。途中的每個轉彎處都會幫助我們自我瞭解，繼而建立更好的界限。

多數女性就像年輕時代的我，甚至沒意識到她們不快樂的根源，更不知道如何改變。第一步一定是自我覺察，畢竟我們無法治癒沒意識到的問題，這就是本書誕生的原因。

界限大王的舞台，輪到你上場

接下來，你將重啓人生，堅定地踏上通往實現目標之路。現在輪到你從「界限魯蛇」蛻變爲「界限大師」了。我知道你辦得到，因爲我見證過許多轉變。我見過經年累月討好別人的人，成爲有評斷能力的決策者，也看過筋疲力竭的過度奉獻者能輕鬆優雅地婉拒他人。至於我，以前我想滿足每個人的所有需求，現在則會把時間、力氣和努力留給自己和我最看重的人。憑藉我自身的傷痕累累和豐富的臨床經驗，我已經創造一套經得起考驗且循序漸進的過程，能幫助你徹底改進界限技能。

你已經聽過我的故事，知道界限大王之旅需要進行沉重的情緒處理工作。因此你如果要好好照顧自己，現在就開始。給自己足夠的空間和支持，例如，與其逼自己參加不想去的活動，不如請假，將手機調成靜音，好好休息。嘗試不同的排毒浴。用你喜歡的方式舒緩筋骨，恢復精神，例如做溫和的瑜伽或伸展運動。減少使用3C產品，多給自己一些時間。在靜謐中冥想。你有屁股、有沙發，你瞧，這樣你就能靜坐了！我們已經一起從「行動」(doing)模式轉爲「存在」(being)模式。（你在本章結尾將學習如何打造自己的禪修角落，也就是一個安全而神聖的自我關懷空間。）

另外還要提醒：如果你總是過度追求成就或是完美主義者，切勿在這裡也當個拚命三郎，或使出過關斬將的精神想成爲界限大王。這不是需逐項完成待辦事項，也不是看完這一章就能解決失調的人際關係，這是一段過程。而且，接下來我要告訴你的指導原則很簡單，改變也是逐步進行的，這將有助於你達成目標。

你現在還不需要公告衆人，說界限新警長即將上任。你不必拿大聲公喊：「大家聽著，我們需要好好談談。」千萬別這樣做。

我完全理解你想去告訴財務部的鮑伯，跟他說你不會再忍受他對你外貌的惡毒批評。我知道你想要反擊，但在你眞正準備好之前，就去進行高難度的談話，並不是致勝之道。學習改變根深柢固的模式與畫地自限的信念需要時間。一旦你完全明白改變行爲和設定更好的界限如此困難的原因後，你就能去找鮑伯。相信我，在你準備好之前，鮑伯和他的胡扯一定還在原地等你。

你慢慢調整失序的界限舞步時，可以騰出更多時間去關注自己的眞實想法、感受和欲望。在這個過程中，你一定會碰到困難，以爲當個好人就要有特定的模樣。例如幫姊姊拿回乾洗衣物或幫忙照顧她的孩子，以便她能及時完成工作，儘管你寧可去上瑜伽課、看書或追劇。又或是不告訴另一半，你其實不想與他／她／他們傲慢／可愛／變態的家人一起度過每個週末。抑或忙著幫剛被解雇的好友規劃詳細的人生計畫，而沒時間去採買雜貨。（其實你朋友根本就沒要你做簡報，教她該如何做人生規劃啊！）

你現在可能會想，當個好人有什麼不好？

老實說，只要你選擇當濫好人而不是說眞話，就要等著面對負面感受、懊惱和無法言說的孤獨。你想想：當你想說「不」的時候卻說「是」，對你所愛和尊重的人撒謊，眞的是「好心」嗎？並不是。你只是提供錯誤的訊息，並讓自己日後陷入更多的困境。

創造和維持健康的界限是改變人生的藝術，你的眞實感受就是促使這種轉化發生的主要驅動力。也許我們告訴自己，不傷害別人的感受就是善良，其實並非如此。這些不眞誠行為的背後動機通常是恐懼，而不是愛，我們將在第三章深入探討這個概念。在表面上看來或許是體貼與關愛，但其實可能是過度關懷、過度努力和過度承擔，又或是固執地拒絕求援，深怕會因此打擾到別人，這些舉動都會導致你更少感受到關愛。

直截了當說眞話可以讓你被理解，也能創造讓你人生中其他人被看到的空間。這個世界能發現眞實的你，也只有在你身上才能見到獨一無二的自己。

健康的界限能尊重他人，而且也很有效。在建立健康的界限後，你會驚訝發現自己有更多的時間、精力和心神去追求更有成就感的休閒活動，例如尊巴健身舞蹈、陶藝課程或研究量子物理。摒棄自我放棄、欺騙、否認和懊惱，才能創造以喜樂、自由和眞誠親密關係爲基礎的人生。事實上，一旦你有這層覺知，這就是顯而易見的選擇，而且這樣做對每個人都更好。

就許多層面而言，我覺得我已經瞭解你，因爲你就是以前的我。相信我，無論你正處於界限大王之旅的哪個階段，或是你了解什麼、還不知道什麼，這些都不重要，你現在正適合啓程出發。正如瑪麗安·威廉森[1]所寫：「現在不會太晚。你還不算太老。你來得正是時候。而且你比你所知道的更好[2]。」

1 Marianne Williamson，美國作家、政治家，著有《發現眞愛》。

2 作者註：《年齡的奇蹟》(*The Age of Miracles: Embracing the New Midlife*)第九頁，作者是Marianne Williamson，二〇一三年由澳洲的Hay House出版。

界限大王練習

我在每一章節的結尾都會提供精選練習，幫助你逐步建立成為界限大王的基礎。每個新的想法或行動都很重要，即使它看起來似乎很微不足道。BoundaryBossBook.com/bonus的「界限大王特典補充包」裡(Boundary Boss Bonus Bundle)有更多的練習和祕訣。

❶ 初階練習：

觀照你的感受。情緒湧現時，停下腳步，一一辨識。請留意，童年時期遭到禁止的情緒可能更難辨識，也許它會偽裝成你更容易接受的感受。以我為例，我無法表現的怒氣就轉化為悲傷。用你的覺知識別真正的情緒，並為之命名，然後接受它們。

❷ 進階練習：打造自己的「禪修角落」。

在我們攜手共進的旅程中，第一個練習就是建立神聖的空間，在那裡你可以靜坐、休息、寫日記和進行應用練習。在成為界限大王的過程中，這是徹底自我照顧的行為，也能幫助你認真投入，學好這項技巧。第288頁「個人教戰大補帖」有更詳細的說明。

❸高階練習：開始靜坐冥想。

靜坐可以增加正念，加強你活在當下的能力，這對成功成為界限大王至關緊要。第289頁「個人教戰大補帖」將提供簡單的靜坐方法。

第二章

建立個人邊界的基本功

本章重點

- 或許你已經被社會文化影響，以為想擁有健康的界限就代表自私、找麻煩、惹人厭。事實上，擁有健康的界限會讓你更勇敢和慷慨。
- 超級不靈活的界限並不健康，因為這代表你怕表現出脆弱，這會壓抑開放而健康的人際關係和經歷。
- 你需要注意生理、性、物質、心理和情緒等方面的界限。留意在這些不同種類的界限中，你的邊界是僵化呆板、漏洞百出或健康靈活的。
- 個人界限會受到童年經歷、文化規範、性別角色等各種因素影響。
- 打造健康的界限能保護你免受情緒傷害，維持你的個人尊嚴，加強你的人際關係，也包括你與自己的關係。

多年前某個陽光明媚的春日，我和朋友茱兒一起吃午餐敘舊，閒聊各自的成長經歷，頗富哲理地討論我們爲何會做出某些人生抉擇。

茱兒家裡有七個兄弟姐妹，在她分享童年記憶時，隨口提到：「我們浴室洗手台上方有個籃子，所有人的牙刷都放在裡面。」

我覺得這很不可思議。「那妳怎麼知道哪支是妳的？」

「我不知道啊，」她聳肩。「反正哪把不濕，就用那一把。」

慢著。什麼？

我知道茱兒成長於一個混亂的家庭，飽受成癮、貧困和家暴等問題的困擾。身爲諮商師，我對很多事情都習以爲常，但是她沒有自己的牙刷這件事卻讓我頓時呆若木雞。而且茱兒覺得這沒什麼大不了，這也反映她的想法，她甚至不知道她有權利擁有自己的牙刷。

但這不代表她不想要有專屬的牙刷。她十三歲第一次打工拿到薪水時，就買了一把牙刷和外出盥洗包，並且把它們藏在枕頭下，而不是放在公用的籃子裡。

在茱兒的原生家庭中，這個看來微不足道的物質界限問題，代表背後隱藏了更大的忽視和虐待。她的父母並未保護她免受兄姊的暴力傷害；他們還會偷看她的日記，不准她（或任何人）鎖浴室的門。即使在浴缸裡泡澡，她的隱私也常被侵犯。

也許你和茱兒一樣，也曾經歷輕微的界限入侵，但當時你並沒多想。但你必須知道，所有侵犯界限的舉動都可能爲未來的邊界設限埋下惡因。對我許多案主而言，他們成年之後，不健康的界限種子導致他們無法辨識、優先考慮或表達個人的願望、需求、欲望，甚至偏好。

自我評估

了解你界限的底線

為了有助於釐清你界限的底線，請閱讀下面的問題，勾選適用於你的選項。

- □當你為了設定界限而表達意見時，是否會感到焦慮或恐懼？
- □當你付費購買某項服務，使用後是否會盡量避免表達其實你對它並不滿意？
- □你是否長期忽視自己的喜好或需求，最後沮喪到抓狂暴走？
- □你是否對於大多數的事情都有明確的處理方式，並且經常因為別人竟然會毫無頭緒、不知該怎麼做而感到沮喪？
- □當別人不瞭解或不尊重你的界限時，你是否常感到難過、憤怒或怨恨？
- □如果你與同儕或友伴意見相左，是否常會害怕或避免說出你真正的想法？

□你是否因為不敢說真話、分享你的喜好或拒絕別人，因此導致人際關係出問題？

□別人的行為是否常冒犯到你，或你覺得不得不糾正對方？

□如果你覺得遭到背叛，是否就直接疏遠或避開對方，而不是主動找他們談談？

□如果朋友或家人出問題，你是否覺得必須提出建議或幫忙找到解決辦法，即使他們沒有向你求援？

上述每個問題都顯示出一種特定的界限失守模式，之後書中的內容會教你如何找到改善之處。

個人界限需要設置無形的告示牌

我們先從個人界限的基礎知識談起，這樣你更能理解爲何這些事情在日常生活中很重要。

想像有棟房子，周圍有高高的圍籬，上面掛著「禁止入內」和「違者將遭起訴」的牌子。我們都明白那道圍籬是明確的界限，牌子上明文寫出越界後的具體後果。

儘管背後的原理相同，但個人邊界比圍籬更複雜。我們無法簡單地掛上牌子，期望別人能予以尊重。個人界限是隱形的，所以需要用言語（且往往需要不斷重複）及行動來建立。每個人都有獨特的個人界限，它受到童年經歷、文化規範、性別角色等各式各樣的因素影響，且沒有一勞永逸的行動（例如釘個告示牌）能清楚說明所有的情況。

個人界限就像你創造的指南，能明確指出他人可以如何對待你。所以你可以告訴同事，你不喜歡她每天聊公司的八卦，因爲你需要專心在截止日期前完成工作。也可以讓毒舌又刻薄的朋友知道，你不喜歡她挖苦你的體重／外貌／感情生活。設定界限包括如果有人越界，你需要當機立斷告知對方，對於界限慣犯也要建立更明確的原則（第七章有詳細論述）。

設定健康的界限可以保護你內心不受傷，並維持個人尊嚴。你很尊貴，要把自己當女王，你要培養堅定不移的能力，瞭解、尊重並保護自己，而不是放棄自我。你對待自己的態度和方式，會影響你人生中的每一段關係。

五種個人邊界

界限分爲五大類：生理界限、性界限、物質界限、心理界限和情緒界限。如果這些界限遭人侵門踏戶，我們就有麻煩了。

此外，界限又分三種狀態：僵化呆板、模糊不清和健康靈活。瞭解這些種類和狀態，有助你看到自己有哪種界限問題，如此才能開始修正。你的情感界限是否過於漏洞百出？心理界限是否太僵化呆板？哪個層面的界限靈活又平衡呢？

以下是你得注意的個人界限。

一、生理界限：最基本的生理界限是你的身體，包括誰可以碰觸你，又是如何碰觸，以及你需要多少私人空間。如果有人未經允許就碰你或摸你，用你的除臭劑（或你的牙刷！），或在你洗澡時不敲門就闖入浴室，就是違反生理界限。

二、性界限：你可以決定自己能接受哪種程度的性接觸，並且挑選地點、時間和對象。如果有人脅迫或強逼你與他發生性關係、對你說猥褻的話，或在未經你明確同意下，以任何方式刺激或滿足他們的性衝動，都是違反性界限。

三、物質界限：你能決定別人可以（或不可以）如何使用你的財物。這包括你是否想將現金、衣服、汽車等物品借給親友，以及你想開出什麼條件才允許對方借用。例如你家裡是否有哪些地方禁止客人進入？你是否要求訪客脫鞋？若有人未經你允許就用你的電腦、從你的衣櫃拿出衣服，或把垃圾留在你乾淨的車子裡，這些都是違反物質界限的行爲。

四、心理界限：你有權決定你的想法、價值觀和意見。爲了擁有心理界限，你得先知道你有哪些信念。擁有健康的心理界限，表示你具有自己的核心信念，即使你不同意對方的想法，仍能以開放的心胸傾聽他人的意見。有人爲達目的，對你提出要求而非請求、貶低你的信念，或不尊重你說「不」，這些行爲都是違反心理界限。

五、情緒界限：你要承擔自己的情緒，正如他人要對他們的感受負責。擁有健康的情緒界限，你才不會魯莽地提出批評，或自以爲是地主動提出建議。這些情緒界限能防止你將自身的情緒怪罪他人，同時也不接受別人把他的感受歸咎於你。情緒界限能阻止你太快分享個人隱私、覺得別人在針對你，或爲別人的問題或負面情緒莫名感到內疚。此外，如果你容易情緒化、好鬥或起防衛心，代表你可能情緒界限失調。如果有人無視他人的感受、告訴你該如何感受或該有哪些情緒，又或提出太私人的問題，都是違反情緒界限。

如何維持剛剛好的界限狀態？

誠如前述，每種個人界限又分爲僵化呆板、模糊不清和健康靈活這三種狀態。如果你的界限太寬鬆或太嚴格，就表示你可能存在邊界問題。

僵化呆板的界限

如果界限僵化呆板，你可能會：

- ✓ 在需要幫助時不開口求助。
- ✓ 避免與人建立親密關係，以免遭拒。
- ✓ 被別人認為疏遠或冷漠。
- ✓ 容易自我孤立。

你在別人口中會是冷漠、孤僻或不知變通的人。你可能奉行「我行我素」的座右銘，或給人冰雪女王的感覺。由於你不擅長與人相處，因此當別人冒犯你時，你很可能立即把他們趕走，而不是委婉告訴他們為何惹火你。

世人有個常見的誤解，以為嚴格的界限就等於健康的界限。錯囉，各位，固執不知變通或過度靈活的邊界都有礙建立健康的人際關係。

模糊不清的界限

如果界限模糊不清，你可能會：

✓ 告訴別人太多自己的私事。

✓ 在你其實想說「不」的時候說「好」。

✓ 發現自己過度承擔或介入他人的問題。

✓ 忍受不尊重你或不懷好意的行為。

在別人看來，你可能過度忍讓，不喜歡衝突，或是個超級濫好人。別人會覺得你好說話或喜歡當和事佬。你會受他人的想法、感受和問題所影響，而忽略自己的需求。（例如你正準備去健身房，但朋友打來哭訴他悲慘的戀愛問題，你便留在家裡，拿出一九八五年買的經典勵志書籍《過度付出的愛》[3]，開始幫朋友畫重點。但其實你們根本就是半斤八兩啊。）也許你的人生態度就是「只要別人快樂，我就開心。」

健康靈活的界限

如果擁有健康的界限，你會：

- ✓ 重視自己的想法和意見。
- ✓ 不會害怕求援或接受幫助。
- ✓ 知道何時以及該與何人分享私事。
- ✓ 能夠接受並尊重他人的界限，包括別人拒絕你的請求。

別人認為你可靠、值得信賴或充滿自信。如果你有健康的界限，別人在你面前會感到既安全又自在。你會遵守諾言，有效溝通，也能為自己的幸福負責（而無須靠情緒勒索）。你不會有極大的情緒反應，好比你深夜接到家人來電告訴你令人擔憂的消息，你會在天亮前先消化自己的情緒，而不是在半夜就火速發求救簡訊給朋友；或因為無法忍受無助的感覺，就貿然採取行動。你能掌控自己的情緒。

如果你擁有健康的界限，你也會有天生的情境感知能力，知道何時要運用哪些界限才恰當。適用於親友的界限，可能並不適合同事或上司。例如你經歷慘痛的分手，當然可以和閨密分享心痛的感受；但如果與下屬或上司分享失戀的細

---

3 "Women Who Love Too Much"，作者是婚姻、家庭諮商師 Robin Norwood。

節，則顯得不得體。

要培養健康的個人邊界需要明智的判斷力，也要長期而誠實地審視人我關係，包括你與自己的關係。也許你早就該這麼做了。

別再複製貼上童年時期的討好模式

茱兒想要有自己的牙刷，這就是她對物質界限失調的自然反應。不管遇到任何困難，她都決心要在家裡的浴室找到屬於自己的角落。

茱兒從小就學會壓抑自身的情緒、需求或喜好，免得成為被虐待與欺負的對象。她的父親喝醉就有暴力傾向（違反生理界限）；兄弟姐妹會擅自拿走她的衣服和財物（逾越物質界限）；她被哥哥取笑，說她「又胖又醜」（侵犯情緒界限）。她從這些經驗中獲得一個結論：不惹麻煩、努力取悅身邊的人才是最安全的策略。

她學到的界限行為的確適用於她的童年環境，但一旦離開原生家庭，這些行為就會引發衝突和不滿。爭取擁有自己的牙刷這種微不足道的小事，其實有莫大影響。

成年後，她不再合宜的界限方式（也就是模糊不清），導致了長達十年的悲慘戀情，每段關係在某種程度上都重複了她童年的失序界限。茱兒的男友就像她的兄弟姊妹，覺得有權享受她的勞動成果，例如她辛苦掙來的金錢、公寓，以及她的時間和精力（違反物質界限）。她認爲愛一個人就要對他的要求照單全收，任由他們予取予求（不設限的情緒界限）。

在她最後一段感情破裂後，她終於意識到自己在這些痛苦經歷中要負一定的責任。茱兒說自己「總是不斷在付出」。在我看來，「重度依賴」是對此狀況的精確描述。她把自己的需求放在一旁，這樣她就可以在不正常的家庭中確保獲得安全和愛。然而成年之後，忽略自己卻嚴重阻礙她獲得幸福和快樂。不僅如此，混亂的界限感到頭來害她身陷險境，差點失去一切。

從茱兒戀愛史中幾個典型的例子，就能看出她童年時期物質界限遭到侵犯的影響。例如，她某任新男友因爲付不出房租而被房東趕出去，她就答應對方搬來同居。還有一位前任，她毫不猶豫馬上幫對方以超低預算設計和建造百老匯話劇的舞台，那時她還有全職工作，連上健身房的精力都沒有，卻還是扛下男友的責任，犧牲自身的需求與健康。此外，她還曾熱心地將自己大部分的積蓄投入某任惡劣男友的「發明」中，卻沒分到一分錢。這些都是意料中事。

簡而言之，無論是物質或其他方面的界限，她的標準都太寬鬆。有時表現出來的行爲就是嚴重的優柔寡斷，導致她遲遲走不出早該結束的虐戀。聽我一句勸：界限失守的女性往往猶豫不決。如果你的界限過於寬鬆或模糊不清，你可能是因爲害怕傷害他人，或擔心自己的決定被拒絕或嘲笑。猶豫不決是一種無意識避免這種情況的方式。如果你不允許自己有改變主意的權利，或是不敢表達意見，無法說「不」，那麼每個決定都會帶給你不可承擔之重。

雖然聽起來荒謬，但茱兒的兄弟姐妹曾經在她少女時期嘲笑她想擁有自己的牙刷。他們奚落她，說她是個「挑剔鬼」。（天哪！真是夠了。）茱兒和許多女性一樣，外界明示或暗示她們，擁有健康的界限就是自私、找麻煩、惹人厭。但事實並非如此。

茱兒早期對愛和安全感的理解有偏差，這導致她成年之後無視自己的需求、不顧自身利益。她誤以爲非得不離不棄，甚至對不值得她認眞對待的人也得如此。

我要再次強調：茱兒童年適應環境的策略並不適用於成年，以致她被利用、忽略，這正是她小時候的感受（這是必然的感受，而非巧合）。這就是所謂的「重蹈覆轍的界限模式」，也就是現在偏差的行爲模式反映了過去的痛苦經歷（請見第五章）。

一女性與平等的距離，靠你我共同拉近一

爲了充分理解個人邊界，我們必須承認有個因素大過我們的家庭背景，就是被壓迫的歷史。即便到了今天，女權的演變仍影響著我們對邊界信念的意識、潛意識和群體關係。如果不提高我們對歷史文化的認知與意識，就很容易重蹈覆轍。

想一想：在一九二〇年美國憲法第十九條修正案賦予白人女性投票權之前（有色人種女性的投票權則由各州決定），婦女基本上是丈夫的財產。（對，就是財產。就像土地、牲畜或汽車。**女人沒有權利、沒有主權，也沒有發言權。**）一九二〇年離現在只有一百多年！有點不可思議。不過話又說回來，好像也沒那麼令人驚訝。

幾百年來——應該說數千年來——女性一直被邊緣化和物化，有色人種的婦女情況更嚴重。身爲被邊緣化群體的一份子，對自我認同和自我價值當然會造成負面影響。根據《內化壓抑：邊緣化群體的心理學》（*Internalized Oppression: The Psychology of Marginalized Groups*）一書的作者E. J. R. 大衛所言，我們普遍相信，甚至在不知不覺中接受自己身爲女性的負面資訊[4]，這是因爲我們內化了遭到壓抑的經歷，導致自卑

4 作者註：「內化的壓抑：我們必須停止憎恨自己」（Internalized Oppression: We Need to Stop Hating Ourselves），作者爲E・J・R・大衛（E. J. R. David），刊載於今日心理學（psychologytoday.com）網站，資料查閱於二〇二〇年七月十三日。

和自我厭惡。

這種內化的壓抑表現在女性身上有幾種方式。像是我們不認同自己的經歷，例如我們擔心別人覺得我們演很大，就乾脆不表達意見；我們過度在乎外表的吸引力，認同青春與美貌的重要性，認為隨著年齡增長或有老化跡象時，我們的價值就會降低；我們輕易讓他人的需求和欲望凌駕於自身之上，彷彿犧牲自己就能證明我們是好人，然而這些行為只是強化了我們界限的失序。

如果妳是難以設限的女性，請瞭解妳的困難與史上無數女性之間有一條隱形細線連結，她們也懷疑自己的價值。

真正的社會變革需要時間。看看#MeToo運動就好，這個活動最初由塔拉娜·伯克[5]在二〇〇六年創始，透過同理心的力量支持遭到性侵的有色婦女。十一年後，在二〇一七年秋天，伯克的運動捲土重來，在調查重量級電影製片哈威·溫斯坦[6]的性侵案件中得到更大的回響。全球各地倏忽公開討論由來已久的性別不平等、濫用權力、系統性騷擾和性侵——每個女人都有親身經歷。各界紛紛討論這種有史以來就不平等的互動如何影響女性，無論是對個人或整體而言，都引發社會果斷討伐眾多性侵犯。哈利路亞！早該給他們好看了！

好消息是：在#MeToo運動揭開社會習以爲常的偏見一年後[7]，美國選民在中期選舉推波助瀾，女性議員（一百一十七人）和女性有色人種（四十二人）進入國會的人數創下新高。壞消息是：這種深刻的偏見不會一夕之間就改變。僵化的性別角色仍牢牢存在我們的集體潛意識中，這些偏見仍舊主宰我們的衣著、言語舉止。我們仍須努力。

同時，我們也需要釐清童年以來，無論是公開或暗地的方式灌輸給我們的性別歧視臆斷、投射和評論。不管我們是否意識到這種影響，這些削弱自信心的情緒，會以異常消極的方式左右我們的自我意識。

時間不等人，界限大王之旅對你和得益於你的轉變的後代而言，現在就勢在必行。一如靜坐兼正念專家大衛吉的睿智名言：「我們能透過改造自己來改變世界。[8]」

5 Tarana Burke，美國社運人士。

6 作者註：「早在#標籤之前就創造了#MeToo的女人」(The Woman Who Created #MeToo Long Before Hashtags)，作者爲Sandra E. Garcia，二〇一七年十月二十日刊載於紐約時報網站(nytimes.com)，資料查閱於二〇二〇年一月。

7 作者註：「一百一十七名婦女創下勝選紀錄，重塑了美國的領導地位。」(A Record 117 Women Won Office, Reshaping America's Leadership)，作者爲Maya Salam，二〇一八年十一月七日刊載於紐約時報網站(nytimes.com)，資料查閱於二〇二〇年一月。

8 作者註：《神聖的力量：喚醒改變的五個祕訣》(*Sacred Powers: The Five Secrets to Awakening Transformation*)第六頁，作者爲Davidji，二〇一七年由美國加州Carlsbad的Hay House出版。

改變結局，活出新願景

對茱兒而言，非得等到她跌落谷底，才能認清界限失守的嚴重性。在某段戀情結束不久後，有個紐約市警探找上門。他說：「請跟我來。」

茱兒心跳加快，拿起外套，跟著警官上了沒有標誌的警車。警察在警局訊問她關於信用卡詐欺案件。茱兒根本不知道前男友用她的電子信箱進行不法活動，結果害她受到牽連。

茱兒一心照顧並討好男友，以至於對在她眼前發生的事情完全不知情。嚇壞的她意識到自己差點大難臨頭——她可能遭到起訴，人生就此被毀！

幸好茱兒的故事有個美滿結局。經過這次的可怕事件後，她接受心理治療，努力並專心地照顧自己，也關注自己的界限。結果如何呢？她撰寫《如何對待茱兒》的使用手冊，徹底瞭解自己，熟知如何表達、建立和維護健康的界限。

現在她已成為如假包換的界限大王，過去十二年來，她與丈夫吉奧過著幸福的婚姻生活。他們由共同的朋友撮合，透過老派的相親方式認識，茱兒欣然成為先生兩個女兒的「最佳繼母」，她也很喜歡她們。她說，她自覺像中了大獎。

茱兒終於克服偏差的童年證明了一件事：我們都有可能學會更健康的互動方式。你被迫改變設定界限的技巧，這樣做不只對自己有益，還會造福身邊的人。實現你本來有機會達成的事情，或成為你最渴望的人，永遠不嫌晚。現在就認真活出你的願景。

界限大王練習

1. **初階練習：**

請注意不同種類和狀態的邊界。這些界限如何影響你目前的人際關係？哪些界限（包括生理、性、物質、心理、情緒）被侵犯的情況最常出現？

2. **進階練習：哪些事物可接受／無法接受。**

現在該誠實評估人生各個層面可接受或不可接受的事物。請參考第290頁「個人教戰大補帖」的章節，完成完整的「可接受」／「無法接受」清單。

第三章

給別人需要的，而不是你認為他們想要的——你有關懷強迫症嗎？

本章重點

- 高功能關懷強迫症患者具有偏差的行爲模式：你覺得他人的感受和行爲都是你的責任，因而犧牲自己的欲望、需求和幸福。
- 人類天生就不想遭到社會拒絕，這種生存本能的潛意識，助長了由恐懼主導的高功能關懷強迫症（HFC）行爲，例如過度努力、不敢實話實說。
- 戰或逃或靜止不動（FFF）反應是身體內建的保護系統，在遭遇情緒威脅（如：批評、拒絕和挑釁）就會激發這些反應，因而蒙蔽了自身的洞察力和判斷力。

艾絲特是成功的美容編輯，才踏入我的診間，都還沒坐下就急著說她找我的原因。她迅速說道：「其實我只需要減壓的方法。」我從她廢話不多說的語氣就知道，她習慣主掌大局。

「幸會，艾絲特，」我回答。「我是泰莉。」

她坐下來之後深呼吸道：「我的意思是，我顯然沒問題，只是似乎永遠無法放鬆，結果影響到我的身體。昨天是我第一次不得不向公司請假，可是我眞的很忙！妳能幫得上忙嗎？」

身爲諮商師，我很熟悉艾絲特的焦慮不安。案主往往覺得到非改變不可時，才願意求援。他們可能不明白界限失守如何妨礙他們追求快樂、健康和成功，卻能清楚感受到氣憤、沮喪和痛苦。

從艾絲特使命必達的神態舉止看來，如果可以，她肯定會安排整個週末都進行馬拉松式的密集看診，這樣她就能畫掉待辦清單上的「諮商」事項，盡快重回她節奏飛快的生活中。但我從個人和專業經驗中得知，我必須先放慢速度，才能有條不紊地釐清她壓力的來源，研究她以前曾有哪些能幫助她面對人生、只是現在已經失效的應對機制。

艾絲特說日益加劇的各種病痛已經顯現她過度焦慮，最明顯的是她有嚴重的頭痛和顳顎關節症候群，也就是俗稱的「落下頦」，因爲她睡覺時會咬緊牙關。此外，她睡得很少，因爲她三年前已不時有失眠問題。最近又罹患帶狀皰疹，這種病毒會引發令人非常難受的紅疹，痛到妨礙她工作。我發現，這些狀況可能都與壓力和焦慮有關。

我漸漸了解艾絲特後，得知她是韓國移民的獨生女，大半的童年都負責爲父母指點迷津，因爲她的爸媽不諳英語。打從孩提時期，她就得扛起成人的責任，像是在親師會和看診時爲雙親擔任翻譯。長大後她被迫追求在父母文化背景下所認定的成功，也就是上醫學院。如今，她已身爲總編，但在職場上得到越多肯定，心裡就越矛盾。她既爲自己感到驕傲，卻同時又很沮喪，因爲她如此看重的事業，卻永遠得不到父母的肯定。

她凡事一肩扛的個性在戀愛中也很明顯。令艾絲特傾慕的男友是個半失業狀態的演員，經常讓她埋單請吃飯，有時一起去度假還會「忘記」還錢，而且那些所費不貲的奢華假期都是由她負責做功課、預約行程和詳細規劃。過了熱戀期後，艾絲特發現自己還得擔任她男友和他那溫柔又依賴的母親的調解人。有時她會用「就是個性互補才會互相吸引啊！」爲藉口自我安慰，忽視兩人明顯的差異。但她顯然厭倦了男友的不負責任，因而感受到莫大的壓力。

我瞭解艾絲特的狀況之後，心想，難怪妳身體不舒服。對於艾絲特這種人而言，無法勝任工作會引發強烈的焦慮，她的存在感完全來自她應付外在世界的能力程度。艾絲特顯然有高功能關懷強迫症。

─解讀高功能關懷強迫症─

我有許多案主就像艾絲特，都是社會標準認定的成功人士，他們是執行長、新創企業媽咪或百老匯演員，並努力成爲好伴侶、好父母、好老闆和好朋友。他們在各方面都有過人的表現，深信要贏得敬重就得責任一肩扛。「幫忙」對他們而言是帶有貶義的字彙，除非他們是提供援手的人。當他們忙到不可開交時，卻忽略了關鍵的事實：他們同時也徹底累垮自己了。這種過度努力的案例中有百分之九十九的人可能有關懷強迫症，也就是女性（男性當然也有可能）覺得非得爲身邊的人扛起對方該盡的義務。

聽到「關懷強迫症」一詞時，我們腦中會浮現特定的負面形象：例如意志薄弱的女性總是忙著收拾爛攤子，而酗酒老公似乎永遠無法洗心革面；某人總是慷慨借錢給朋友，但對方其實早該學會自力更生；或某個女子爲家暴伴侶找藉口，只因爲她無法忍受獨自生活。

在我執業初期，多數成就非凡、能力優異的案主聽到我提到這個名詞，都覺得不可置信，感覺自己被冒犯了。「妳是在開玩笑吧？」我常聽到對方做出這種反應。「每個人都很依賴我。每件事情都得由我一手包辦。大家都來找我幫忙處理他們的鳥事，解決他們的問題。」

話先說在前頭：我不認為關懷強迫症者的個性懦弱或比別人糟——絕非如此。因為案主不認同這個名詞會產生的刻板聯想，因此我便創造新名詞：高功能關懷強迫症（high-functioning codependent，HFC）。這些人覺得必須為身邊某些人的感受和行為負起大部分的責任，所表現的方式就是過度努力、過度關懷，以及主動提供親友建議，試圖掌控結果（尤其是結果不稱他們的心意時）。過度關注他人的生活，會導致你忽略自身的需求和欲望。

對艾絲特這個徹頭徹尾的HFC而言，身體病痛威脅到她深信不疑的「只要更努力就能更成功」定律，難怪她迫切希望聽到一些能減壓的神奇撇步，以便在「諮商」那欄打勾，然後盡快回到正常的工作狀態。她一想到無法再以控制和強硬的方式掌控生活就感到害怕，因為那是她熟悉和依賴的法則。

高功能關懷強迫症案主的童年各不相同。你可能在混亂、嚴格、動口動手、漠視或藥物成癮的家庭中長大；你可能被灌輸人生首要任務就是要討好別人的觀念；你可能已經被親職化，也就是被迫扮演照顧者的角色，或從小就背負成人的責任，好比艾絲特。這些經歷導致你會預測並優先考量他人而非自身的需求。這類人的童年在某種程度上並不正常，以至於養成過度負責的行爲模式，而且難以戒除。對他們來說，幫助、處理、代勞和出手拯救他人是根深柢固的潛意識衝動。

如果你覺得這些情況很耳熟，我要恭喜你！因爲當一個人要徹底改變時，必須先找到造成行爲偏差的問題，才有可能成功。找到病灶對你的成長和幸福至關緊要。

追根究柢，相互依附是人類源於爲了生存、確保能獲得安全和愛的原始需求。希望自己能幫得上忙，甚至讓人覺得不可或缺，可能是你潛意識希望自己不會被拒絕。雖然依賴共生背後的原因簡單易懂，但你最終的目的應該是以更健康的方式尋求保障、安全和愛。

自我覺知是最佳工具，可以偵測出你背後的動機究竟是不是自動運作、死性難改的關懷強迫症傾向，否則，你會很輕易相信自己是在做有意識的選擇，但實際上你只是在重複舊有的行爲模式。當朋友和配偶大吵一架，需要棲身之處時，你跑去接她似乎是你的選擇。表弟比利在公共場合酗酒大鬧再度被捕，你去保釋他出獄，似乎是你的選擇。捲入小一孩子老師的家庭糾紛，似乎也是你的選擇。但事實上，選擇和衝動的感覺雖然很類似，但它們並不一樣。當事情牽涉到別人，無論是何種原因，只要你無法拒絕，那就是HFC的衝動。

嘿，準界限大王，不要再批判自己了，我也是過來人。因爲界限失守，我也有過非常荒唐的經歷。我舉幾個例子：我提議可以代替表弟參加大學入學考試；幫大學男友捉刀代寫哲學報告（結果被教授發現了）；花六百美元把某任男友的車從紐約市的拖吊場弄出來（結果他第二天立刻又收到停車罰單）。這些問題根本就都不關我的事，不過事後諸葛也沒什麼好說嘴的。簡而言之，關懷強迫症是持續關注他人的需求、願望和問題，以換取他人的認可，證明自我價值，並且試圖控制結果。

HFC的主要指標就是覺得凡事都是自己的責任，彷彿只有你能完成所有該做的事情。你可能還會認爲，如果你拒絕、改變主意，或無法按原定計畫行事，後果一定會很嚴重。這種錯誤的觀念源自童年時害怕失敗或讓人失望。即使情況並非如此，你仍會覺得事情緊急，攸關生死。

爲了讓過度努力的案主面對現實，我請他們設想以下的場景：如果你明天被外星人綁架，會發生什麼事？老實說：太陽依舊升起落下，你的朋友和家人會繼續生活，上司會把你的工作交代給其他人執行。即使少了你累垮自己完成你以爲非做不可的事，緣草仍繼續生長，衆人的日子也能繼續過下去。你不需要以過度付出來證明你的價值，光是活出獨一無二而眞實的自己，就代表你眞的很重要。

HFC另一個不太明顯的指標，就是我們會把無法接受的情緒投射到別人身上。投射就是心裡不願承認某些特質和情緒，繼而歸咎給另一個人。你可能會怒問冷靜的另一半：「你幹嘛那麼生氣？」但其實你是把自己不願接受的憤怒投射到他們身上。這種投射也可能表現爲你對某人深感厭惡，同時覺得對方也不喜歡你。（「我不知道辛蒂為何討厭我！」但其實你不久前才發簡訊給朋友怒罵她。）如果我們不表達內心感受，就會有意或無意地做出不當行爲，而缺乏溝通也會以情緒暴走的方式發洩心中的不滿。當你越瞭解、接受和表達眞實感受時，將大幅減少潛意識需要動用這種混亂防禦機制的機會。

自我評估

你有高功能關懷強迫症嗎？

關心他人的健康行為與關懷強迫症之間只有一線之隔，後者會限制你發展親密關係和培養真誠互動的能力，到頭來你會覺得已經無法再關照自己。關懷強迫症還會壓抑你創造與執行健康界限的能力。

下面這份清單可以幫助你辨識關懷強迫症的症頭。你是否……

- □覺得要對他人的選擇、結果和情緒狀態負責？
- □覺得當別人碰上不好的事情時，自己也會感同身受？
- □強烈渴望被他人「需要」？
- □為了別人而放棄自己的需求？
- □能從幫助他人當中證明自己的價值和地位？
- □自認為需要幫忙解決別人的問題？
- □做得比別人要求的更多？
- □幫別人做他們自己辦得到、也應該由他們完成的事情？
- □想拒絕的時候卻說「好」？
- □幫別人承擔的責任（像是熬夜到凌晨兩點，幫孩子完成他們「忘記」隔天要交的作業）？
- □幫別人的惡行找藉口？
- □因為過度付出而心懷怨恨或不滿？
- □有時會暗自心想：「我為他們做了那麼多事，他們竟然說那句話／做那件事？」

你勾選的項目越多，代表你關懷強迫症的症頭和界限問題也越多。但放心，你勾選的每一個選項，在你做那件事的當下都有其意義。不要批判自己。當你越瞭解自己，我們便能夠在本書的第二部用上這些關鍵資訊。

—高功能關懷強迫症患者的常見行為—

對於高功能關懷強迫症患者而言，他們缺乏自覺，所以很難關閉拚命三郎的自動模式。他們透過下列三種主要方法傳達自身的控制慾：主動提供建議、調整心情迎合每個人，以及追求完美主義。

一、收拾爛攤子專家

請想像：當朋友正在發牢騷，講述她家最近的鬧劇，她還沒說完，你已經開始掃描大腦，想找出讓她開心的辦法。你上谷歌搜索適合她的資訊，不由自主地切換到助人模式，因爲你對她的煩惱感同身受，必須幫忙收拾她的殘局。

你發現自己剛剛做了什麼嗎？你自以爲知道怎麼做對她最好，本能地想左右事情的結果，而且那件事還是你朋友的家事。

有時，你可能會因爲內疚而陷入與你無關的困境。正如臨床心理學家先驅海瑞亞．勒納博士所述：「我們的社會常灌輸給女性一種罪惡感，那就是如果她們在給予他人情感支持時，如果沒有達到某種標準，就會感到愧疚[9]。」或許你也有這樣根深柢固的習慣，總是擔心其他人的事，甚至沒意識到這種行爲是受到罪惡感所驅使。

你無法克制地想幫別人解決問題，卻沒察覺到經常助長你HFC症頭的深層情緒，因爲關懷強迫症患者往往無法察覺自己內心的感受。當你所愛的人（甚至你根本不熟的人）感到不安時，爲提供對方解決方案的衝動，是來自於一種避免衝突和減少痛苦的本能，尤其是你自己的痛苦。我們這麼做的眞正用意是：你的痛苦讓我不好受，所以我要告訴你該怎麼做，這樣才能讓我避免感受到這種痛苦。

忍不住想要幫別人收拾爛攤子的衝動有個重要的附加好處：我們可以避免處理自己的情緒體驗。然而，你所尋求的答案和問題解決的方法一定只在你心裡，而且只有你能找到。類似的情況也適用於你的朋友、家人、所愛之人，對地球上幾乎所有人而言也是如此。

我非常瞭解不由自主想助人脫困的心情。幾年前，我先生維克在職場上受到委屈，我本能覺得自己能幫他撥亂反正。我馬上進入徹底的母雞保護模式。我開始深入研究許多位律師，制定行動計畫。幸好當時我已經學到足夠的界限技能，能看到自己關懷強迫症的症頭發作了。我不僅多管閒事，還在未經先生允許的情況下，介入他的問題。其實我非但沒能幫他解決問題，更糟的是，我的控制欲還害他自信心低落。

於是我審視內心，發現我的眞實感受，那就是：徹底覺得無助。那才是我該注意的事情。我（對自己）承認這些情緒之後，對維克說：「嘿，寶貝，我現在該怎麼做才能支持你呢？」他告訴我，要我對他有信心，讓他用自己的方式處理事情。最後，他獲得公平和滿意的結果（而且沒找律師）。我壓抑自己的不安，才能目睹維克發揮冷靜又有效的雙魚座本性，我們的關係也更鞏固。還不錯吧？

當你能克制想幫他人解決問題的衝動，才能發展親密和健康的關係。你可以有各種反應，但不必非當救世主不可。你可以說：「你覺得你該怎麼做？」或「我對你有信心，你要我如何支持你就說一聲。」

下次當你又想幫人強出頭時，試著停下來，深呼吸。等待衝動消退，好好傾聽，

9 作者註：美國心理醫生Harriet Lerner所著的《生氣的藝術：運用憤怒改善女性的親密關係》第七頁，一九九三年由紐約的哈潑柯林斯（Harper Collins）出版。

而不是急著提出建議，否則你不會聽到對方說出內心話，無法知道他們真實的感受和想法，因爲你忙著維持自己的安全感。是的，看著關心的人苦苦掙扎很難受，但是留點空間讓他們做出獨特的回應，就等於爲他們創造能夠發揮的空間。羅素・傅里曼[10]是我的朋友，也是《一個人的療癒》[11]的共同作者，他曾經對我說，「未經他人請求就給予建議或批評，這有損他們的尊嚴。」哇！

二、負擔無償又無形的工作

無論妳認爲自己是小HFC或大HFC，身爲女人，妳絕對就扛起了情緒勞動(emotional labor)的工作。作家潔瑪・哈特莉[12]在二〇一七年爲《哈潑時尚》撰寫的文章中推廣這個名詞，她所謂的情緒勞動是「情緒管理加上生活管理。我們做這種無償又無形的工作，是爲了讓周遭的人感到輕鬆、快樂[13]。」我自己的見解則是：情緒勞動是不爲人知且不受重視的工作，卻害我們做得半死。你想想：帶頭爲家人規劃假期計畫，記得爲孩子的老師買年終禮物（其實你的伴侶也可以做這件事），還有總是負責計算晚餐分帳的任務，儘管你能幹的朋友大可輕易算出答案。

我最喜歡的擺脫情緒勞動的故事來自瑪蒂・艾森哈特(Maddie Eisenhart)，她是位作家、母親兼妻子，她對於自己爲丈夫承擔過多的情緒勞動感到憤怒，而且這些情緒也開始影響她的婚姻[14]。有一天，她突然頓悟到：她一直在插手處理她丈夫本就能輕鬆完成的許多任務，比如通知他們的遛狗人不用過來。她的丈夫是工程師，打一通電話對他來說絕對不是問題。後來，艾森哈特買了一塊白板，列出家庭中所有的待辦事項（以往都是由她一手包辦家中大大小小的事），然後要求丈夫負擔清單上一半的責任。她先生以前並未意識到妻子的情緒勞動和不滿。雖然剛開始執行時氣氛有點緊張，但艾森哈特認爲短暫的不適非常值得，因爲長遠看來，她不必老對丈夫生悶氣。最終，她與另一半公平分擔情緒勞動的方式也有助於改善夫妻關係。

只要不斷爲別人做他們自己該做的事情，一定有天會突然感到不滿或產生其他負面

10 Russell Friedman，美國傷心療癒協會執行長。

11 The Grief Recovery Handbook。

12 Gemma Hartley，美國作家、新聞記者，著有《拒絕失衡的「情緒勞動」：女人停止操心一切，男人開始承擔》。

13 作者註：出自茱莉·貝克（Julie Beck）的「情緒勞動的概念演變」（The Concept Creep of 'Emotional Labor'），二〇一八年十一月二十六日刊載於大西洋雜誌網站（theatlantic.com），資料查閱於二〇二〇年三月。

14 作者註：出自茱莉·康頓（Julie Crompton）的「什麼是情緒勞動？分擔婚姻生活負擔的七個步驟」（What Is Emotional Labor? 7 Steps to Sharing the Burden in Marriage），二〇一八年十一月九日刊載於ＮＢＣ新聞網（nbcnews.com），資料查閱於二〇二〇年三月。

情緒。毫無設限的情緒勞動有個重大缺點：我們每個人的精力有限，如果所有能量都用於「服務」他人，你的成長就很有限，也沒有餘裕思考你眞正想要什麼，所以過度努力只會讓人墜入痛苦深淵。你怎麼可能不痛苦？別人已經習慣你提供無微不至的五星級服務，但你留給自己的力氣卻很少。

拿我的朋友莎拉當例子吧。當她妹妹因癌症而病危時，因爲其他家人都住得很遠，因此莎拉挺身而出，確保妹妹得到適當的協助。這點值得嘉許。雖然沒有人要求，莎拉卻盡心盡力，把事情做到極致。她除了不眠不休地全天候照護，還隨時提供親友最新消息；就連妹妹的朋友傷心欲絕時，她也扮演他們的諮商師。莎拉根本沒想到她所做的情緒勞動（也沒想到她耗費多少精力），直到妹妹的朋友說：「妳太厲害了。妳不僅照顧她，也照顧我們其他人。」

就在此時，莎拉突然頓悟：「天哪！如果我能花同樣多的力氣打理自己的人生，也許都能經營價值連城的商業帝國了。」她意識到，自己已經遠遠做過頭。我認爲莎拉的情緒勞動是「自動予人方便」(auto-accommodating)。她想盡辦法完成別人根本不期待她做的事情（不過有些家庭的確希望有人付出情緒勞動）。在莎拉頓悟之後，她開始修正自己的行爲，做出更有意識的抉擇，並專注享受陪伴妹妹度過餘生。

三、完美主義

在我們這個野心高漲、追逐銅臭的社會，完美主義是合法的藥物，所以鮮少有人指出追求完美其實是令人身心耗弱的嚴重問題。我們如此熱愛忙碌、渴望成功，所以成爲工作狂。有個案主捍衛自己徹底的完美主義，包括長時間瘋狂工作，她說：「我這樣總比對海洛因成癮好吧。」是啊，我們都同意，跟吸毒相比，完美主義的確更好。然而這個理由忽略了奉行完美主義付出的巨大代價，這種僵化又糟糕的價值觀代表：「唯有完成所有事情並且都做得完美，我才會快樂、值得尊重、令人喜歡。」

完美主義和追求卓越是不同的，因爲完美主義是種不切實際又缺乏彈性的信念，認爲你(和其他人)可以、也應該把每件事都做到十全十美。完美主義往往伴隨著高功能關懷強迫症，因爲兩者都源自童年時期在不可預測、權威專制或混亂環境中成長的經驗。這種孩子會有奇怪的想法，認爲只要自己夠完美，就能阻止壞事發生(例如：父母病情復發或失業)，避免批評、拒絕，或更糟的情況。在童年時期，也許這種在潛意識裡運作的方式，確實能鞭策你成爲優等生或明星運動員，但成年之後，對自己和他人有不切實際的期望，難免導致挫折、失望和界限衝突。

記住：在這趟界限大王的旅程中，現在你仍處於提高覺知的階段。隨著你能逐漸察覺到自身的這些習慣，就能把關注的焦點轉向內在（也就是留意自己的事情）。你想掙脫情緒勞動、收拾爛攤子的衝動、完美主義和其他HFC症頭，都能成爲你發展超能力的基礎。但有個前提，那就是，你必須建立健康的界限，保護你的天賦、才華、敏感度和生活，這樣你才能對如何花費寶貴的時間和精力做出有意識的選擇。

自我評估

你是完美主義者嗎？

現在就花一分鐘評估你的完美主義程度。在符合你行為和態度的選項上打勾：

- □超級挑剔：你對自己和他人都非常吹毛求疵。
- □一分耕耘一分收穫：你認為你的工作狂精神是榮譽的象徵，並認為這是獲得成功的必要條件。
- □務求讓人刮目相看：你從小就知道成功會獲得正面回饋。你希望出人頭地，但又害怕失敗。這可能是永無休止的壓力循環。
- □平庸閃邊去：你害怕平凡、不起眼，所以追求完美。如果你無法保證努力能夠成功，那你寧可放棄嘗試。

□走極端：你其實害怕承擔風險，因為你要做就做第一，因而限制了你的學習意願。

□自我防衛：由於你極度害怕遭到拒絕或失敗，因此你很難對人坦誠，分享真正的自己。

□過去就是現在：你常在腦中重溫過去的失敗，後悔當初應該要做得更好，而不是接受其實你已經盡力。

□凡事都往心裡去：無論是你認定或實際上就是批評，你對他人的意見都神經過敏。在你看來，沒有所謂「建設性的批評」；只要有一丁點指正意味，就是人身攻擊。

□失敗就是恥辱：任何失敗或失誤都會讓你內疚、羞愧不堪。

□陷入思考困境：為了避免失敗，你會過度擔心，甚至到了嚴重拖延的地步。

如果你勾選五個以上，就代表你有完美主義的傾向。成為界限大王的過程不是一條暢通無阻的直線；這些資訊可以幫助你和我一起穿越曲折的道路，並且提醒你溫柔對待自己。放輕鬆！

「戰或逃或靜止不動，又或學會如何活下去」

高功能關懷強迫症患者可能會發現，他們以爲自己的出發點是愛，但其實其偏差行爲可能是由恐懼所主導。不知爲何，許多高功能關懷強迫症患者很小就發現，爲了得到關愛、照護或認同，他們要做的不僅是單純地當個孩子。

我們就像艾絲特，每個人都有獨特的家庭和文化因素，會影響我們是否能誠實表達自己、與他人建立適當界限，以及最終創造出我們所熱愛的生活的能力。儘管文化背景各異，但我們都是智人，是穴居人的後代，對老祖宗而言，遭到群體排擠可能導致喪命。因此，我們的原始生存本能深植於基因中，這種原始的恐懼往往影響我們的判斷力，導致我們無法看到生活的眞面貌，甚至看不到未來的願景。我們（在潛意識裡）只希望不會被拒絕／或毀滅。

除了希望避免遭到拒絕和排擠的天性之外，另一個與生存相關的本能是「戰—逃—靜止不動」（fight-flight-freeze, FFF）反應[15]，這是內建的自動系統，用以保護我們抵擋感知到的威脅（例如一群野生動物或不懷好意的部落）。因爲這種反應，我們一旦察覺可能有危險，皮質醇和腎上腺素就會進入血液。我們的呼吸速度會變快，氧氣吸入量增加，瞳孔也會放大，讓更多光線進入，才能看清危險。血流從胃部和四肢轉移到大腿和手臂的大肌肉，準備戰鬥、逃亡或保持靜止不動。這是精密的自我保護系統，碰到攸關生死的危險時刻就非常有用。

但如今在住處附近散步遭到劍齒虎襲擊的可能性是零，那麼問題來了：如果我們的潛意識仍選擇「戰—逃—靜止不動」，讓我們來回踱步，彷彿生死關頭迫在眉睫，即使事實上並非如此，那會發生什麼事呢？問題顯然可多著了。

作家暨諮商師哈波·威斯特指出，在現代，戰—逃—靜止不動的反應在面對情緒威脅時更常見[16]，例如遭到他人拒絕、批評和批判。因爲人類是群居動物，在人際關係和互動中遭到排擠是重大打擊，這種打擊會轉化爲想像中的生命威脅，使人長期活在恐懼和高度警戒的狀態中。根據哈佛大學醫學院的研究，反覆啟動壓力反應有害健康。研究表示，慢性壓力會導致高血壓等疾病[17]，並引起大腦產生化學變化，繼而導致焦

15 作者註：「戰—逃—靜止不動」(Fight, Flight, Freeze)，刊載於anxietycanada.com網站，資料查閱於二〇二〇年四月。

16 作者註：「戰鬥或逃亡反應如何影響情感健康」(How the Fight-or-Flight Response Affects Emotional Health)，作者是Harper West，二〇一七年十二月十八日刊載於harperwest.co網站，資料查閱於二〇二〇年三月。

17 作者註：「瞭解壓力反應」(Understanding the Stress Response)，二〇一一年三月刊載於health.harvard.edu網站，資料查閱於二〇二〇年三月。

慮、沮喪和成癮症。

我們每個人與壓力都有獨特的關係，某些人會對較無害的狀況反應過度，例如塞車、陷入人際關係糾紛或職場衝突。我們都有這種朋友（或家人），他們總是不斷將事情災難化，預想並且準備面對最糟糕的情況，儘管那些可怕的事情只發生在他們的想像中。但他們的身體沒收到那是假警報的訊號，依舊分泌壓力荷爾蒙。在許多情況下，恐懼已經是一種習慣，是自動化的反應，即使沒有任何理由也會如此。因爲這種根深柢固的情緒反應之強烈，已經凌駕常識之上。

幸好我們對此情況並非無能爲力。你可以透過提高覺知、每天確實練習如何提高幸福感，制止這種潛意識的壓力反應。另外，保持良好的睡眠習慣、運動和正念練習，如靜坐和呼吸技巧等，都能減輕身體不適的症狀。哪怕只有五分鐘簡單的呼吸練習所產生的鎮靜效果，也可能讓你大吃一驚。

自我評估

444呼吸法

以下是我常用的呼吸法，只需要幾分鐘就能完成，可以在任何地方進行，而且馬上就能感受到平靜。現在就花一分鐘學習，很簡單。

方法如下：

1. 舒服地坐在椅子上，雙手放在膝上，手背朝上。
2. 吸氣，數到四。
3. 閉氣，數到四。
4. 吐氣，數到四。
5. 閉氣，數到四。
6. 重複做四回。

啊！感覺好多了。只要有需要，就利用這種方式幫助你迅速緩解壓力。

健康的日常習慣也有助於保持頭腦清晰，這一點很重要。因爲長年承受壓力，會降低我們精確評估情勢的能力。舉例來說，壓力反應啓動時，你可能會對好友大吼大叫，其實直接溝通就行了（戰鬥）；你可能在開會時提前開溜，因爲你害怕與人閒聊（逃亡）；會計部的鮑伯說了不得體的話，當下你的大腦可能一片空白（靜止不動）。女性常有這種高度警覺的自我保護狀態，這可能也是建立有效界限的主要阻礙。（我們將在第九章探討如何克服靜止不動的反應)。

在上述所有情況下，如果害怕被拒絕(又稱爲「對死亡的恐懼」)勝過渴望被瞭解，我們就不太可能說出眞心話。這也有道理的：因爲能繼續呼吸，遠比別人瞭解你來得重要。

這種急性壓力反應也會抗拒有意識地啓動覺知。

舉例來說吧，我有個案主貝絲是銀行出納員，她原本非常不願配合丈夫的陰謀，從沒有指定繼承人的死者帳戶盜取錢財。雖然貝絲在這個拙劣計畫之前從未犯法，但還是聽從丈夫的指示，最終被判刑入獄。因爲她太害怕丈夫的威脅，以致徹底放棄自我和道德觀。這是個極端的例子，正好說明對拒絕的恐懼可能引致自我毀滅的行爲。最終，貝絲和我們所有人一樣，要對自己的選擇負責任，無論這個選擇是受到哪些無意識因素的影響。

面對恐懼的勇氣

如果你用暴走、冷漠、無視、攻擊或逃避的方式應對感知到的威脅，就會妨礙你有效且果斷建立界限的能力。覺察FFF反應，以及這個反應如何影響你的生活，更容易與最好的自己拉近距離，並行使你的個體自主性。

切記：自知才能提供自己最需要關注之處的眞正資訊。面對自身所抗拒的恐懼，並且承認你遇到哪些狀況會出現戰—逃—靜止不動的反應，才會更瞭解你爲何未在生活的各個領域中設定健康的界限。當你不再無意識地認爲自己是爲了求生而奮戰時，就更容易建立及維持健康的界限。

就艾絲特的案例而言，我們的共同探索幫助她明白，父母對她職業選擇的失望和批評，就像攸關生死的威脅。這種感知到的危險是帶給她痛苦的主因，也是因爲這種痛苦才助長她成爲工作狂，繼而導致健康惡化。在高功能關懷強迫症的自動駕駛模式中，她潛意識相信只要在她選擇的專業領域夠成功，最終父母將會接受她的選擇，並以她爲榮。（潛在原因：她不會被逐出群體，繼而能逃過遭到排擠／消滅的命運。）

她發現自己的工作動力不只是出於野心抱負，這使她的觀念出現重大轉變，因此得以檢視自己對於失敗和遭人否定的恐懼。勇於承認這些恐懼，她就不再任其擺布，我們也得以有機會開始質疑她畫地自限的信念。首先就是她認爲只要無法獲得父母對她職業的認可，她便永遠不會幸福。在這個具有重大啓發意義的過程中，艾絲特對這些全新的可能性感到振奮、寬慰又激動。萬歲！

艾絲特漸漸發現她可以接受父母對她的期望，但仍舊對自己能獨立做出選擇感到開心。事實上，她頗爲自豪。她敞開心胸，了解自己不需要從事另一個衆人欽羨的工作才能自我感覺良好。她也發現，愛和盡責並不代表要完全順從他人或放棄自我。

另外得到的寶貴資訊，是艾絲特對戀情的眞實感受（那就是：感覺不太好）。她發現原來自己一直害怕遭到拒絕，尤其是面對情人時。於是她逐步但篤定地抽身，單純就只當女友，而不是女友兼代理母親兼經紀人。

有效溝通VS.無效溝通

設定個人邊界的重點在於擁有說眞話的勇氣。對於高功能關懷強迫症患者而言，無法對人坦誠相告的一大原因，就是不明白自己眞實的感受，所以我們現在才要建立覺知。加強覺知是溝通的入門課。

就像你根據孩童時期所見所聞和經歷的情況來認識界限一樣，你也會根據原生家庭的風格和文化來學習如何溝通。不同的文化對於什麼可以談論和什麼是禁忌有著不同的約定（不論是明確和暗示的）。

就拿我來說吧，我在白人新教徒家庭長大，基本上我們不會談論任何有難度的事情，往往用無關痛癢的陳述緩解緊繃的氣氛，例如「你想吃水煮蛋或炒蛋？」或「天氣眞好，對吧？」因而壓抑了許多情緒。

二十多歲時，我曾因爲男友猜不透我的心思而倍感沮喪。我驟下結論，認爲他與我心靈不相通，這表示他不愛我。但其實我只是氣餒不知該如何充分表達自己，所以就怪罪他。而且身爲高功能關懷強迫症患者，我很快就心生不滿。無論男友或其他人怎麼做，其實我知道自己必須下定決心，改善溝通方式。我很愛說下面這句話（感謝甘地）：「如果你想改變戀情，就從自己做起。」[18]

現實世界的溝通只有有效和無效這兩種方式。如果你的目標是擁有健康的界限，有效的溝通是不可或缺的工具。其他如情商、洞察力和同理心也很重要，但有效的溝通是第一要素，也是建造健康界限城堡的磚瓦基石。

我們先討論無效的溝通。你有沒有說過：「當然可以！」但心裡其實是想著「爲什麼？」然後歎氣，讓沮喪的肢體語言代替你發言？我們人類需要被看見。如果你不能用

18 甘地的名言：你想改變世界，就從自己做起。(Be the change you want to see in the world.)

直截了當的語言傳達訊息，（這樣做太危險了！）就會用隱密的方式達到目的。

不直接表達憤怒的冷暴力，可能是殺傷力最強的隱諱溝通法，像是摔門、冷嘲熱諷、大聲歎息、翻白眼和拒絕溝通（或是只用充滿敵意的單字簡短回答）。你去過美國南部嗎？大眾認可的冷暴力幾乎是當地方言。例如，在八卦抨擊之後加上「祝福他囉」，通常代表他是白癡／生活一團亂／癮君子／怠忽職守／情商只跟球鞋一樣高。我在東北部長大，那裡的攻擊方式更直接：「你他媽在說笑嗎？」不過就連我也聽得出「祝福他囉」可沒祝福任何人。

無效溝通間接而迂迴，表現的方式可能是消極、怯懦、隱晦或有所保留，也可能是憤怒、充滿敵意、蠻橫無理或好鬥，但無論以何種方式呈現，對方都無法明白你眞正的意圖，反而覺得惱火、不高興和遭到誤解。當無效溝通出現時，對話就極可能演變成亂七八糟的雞同鴨講。你們一方或雙方會覺得，你們必須解碼晦澀的訊息，也沒有加密鑰匙可以解鎖。總之，沒有人會是贏家。

如果你在上述任何一種狀況中看到自己的影子，要注意了。沒有人的溝通是百分之百無效或有效，但有效的溝通技巧是可以靠後天習得的。（第十章將提供實際腳本，幫助你更有自信地表達想法。）

接下來說說有效溝通。有效溝通效果直接，且切中要害，別人會清楚明白你的意思。你要堅定有自信，但不是咄咄逼人或消極順從。你不會過度擔心表達自己的意願，也能提出簡單的請求，例如：「米莉阿姨，我有個簡單的請求，那就是請你不要再打斷我說話。」或者你可以用友好而愉快的語氣請求放一天假。當你提出請求時，不要用無數個「對不起」來掩蓋你真正的需求，直接而坦率地表達你想要的事情，也接受對方可能的回覆。最重要的是，如果你這樣做，你可以誠實面對與表達自己的感受。

有效溝通的對話一定是雙向，認真、有興趣地傾聽至關緊要。留心對方的需求和見解，而不是只等著找時機插人你的觀點。我們身邊都有這種只想等著發表高見的人，他們並沒有把你說的話聽進去。有效溝通取決於你清楚自己的感受，並學會做出「回應」，而不是「反應」。一旦學會這種溝通技巧，人生就會以你始料未及的方式展開全新的可能。

—放棄過度努力，對你跟別人都好—

艾絲特在我們一同努力的過程中更瞭解自己眞實的感受，也發現她和男友之間是無效溝通。她沒告訴他，她不想每次都負責埋單、幫他收拾爛攤子，或扮演諮商師。事實上，她習慣用翻白眼傳達敵意，以大聲歎息、轉移話題表達不滿。男友因為沒爭取到演出機會而沮喪時，她也沒認真傾聽。

因為幫別人解決問題已經成了艾絲特的習慣，她經常打斷他，假裝權威地介入他的問題（其實她對演藝事業知之甚少）。她無意識地需要被人需要，過度努力、干涉太多，都是受到她對未知的不安和自我放棄的痛苦所驅使。

一旦理解自己的行為，她發現表達自己變得容易多了。男友對這種互動模式的改變感到不自在（我們將在第七章徹底討論這一點）。後來，她對自己的行為更有自覺，也能清楚表達自己的需求，這為她創造更多尊重男友的空間。她減少控制欲的新模式，也讓她的男友有機會挺身而出，採取行動，這不僅有利於他們的關係，更造福他自己的人生。

對艾絲特而言，主動積極改變自己引發了許多不同的情緒。在這些時刻，她時而感到驚訝、如釋重負，時而感到沮喪、充滿希望。她用詩人威廉·布萊克的話來比喻，就是「洗滌感知之門（cleansing the doors of perception）。」[19]

摒棄高功能關懷強迫症的安全保護措施需要毅力、勇氣和渴望自主決定。（我喜歡

「這項工作不適合心軟的人」這種說法！）感覺可能會像是算總帳。但至少對我們多數人而言，這是早就該做的事了。

目前看來，以界限大王的風格說眞話，像是難以攀登的高山。你現在的恐懼完全正常，但最後獲得的益處遠遠勝過如今的驚恐不安。重新設定界限時，你就是創造全新的彩色世界。正如民權社運人士暨詩人奧黛・羅德（Audre Lorde）所說：「當我敢於強大，用我的力量打造我的願景，我是否害怕就越來越不重要了[20]。」

我們在下一章，將深入探討一直擾亂你界限魔力的「邊界失守」問題。

---

19 作者註：出自William Blake的詩作《天堂與地獄的婚姻》（*The Marriage of Heaven and Hell*）谷歌版書籍，查閱於二〇二〇年三月。

20 作者註：新墨西哥大學二〇〇三年秋季的婦女研究大綱，資料查閱於二〇二〇年四月十五日，unm.edu/~erbaugh/Wmst2oofallo/bios/Lorde.htm。

界限大王練習

1. **初階練習：**

注意你何時會主動提供建議、覺得有義務讓對話不冷場，或以委婉的方式間接溝通。

2. **進階練習：情緒勞動評估。**

你做了多少無形、無償、累死人的工作？利用第293頁的「個人教戰大補帖」，找出你在何處，以及與誰在一起時，會做超過你應當分攤的工作額度。

第四章　界限失守是如何形成的？

本章重點

- 你的「界限藍圖」反映出你童年的經歷，以及由傳承而來的家庭及文化信念，這些信念代代相傳，會潛移默化影響你現在設立界限的行爲。
- 情緒抗拒是一種自我破壞的方式，也是在察覺改變和個人轉化可能引起不安時，爲了避免這種不適而產生的下意識反應。
- 問問自己，如果你不踏出舒適圈，可以避免感覺、面對和體驗哪些事情，就能找到所謂的「附加好處」。對自己提出這個問題是能跨越自我改變阻力的強大工具。
- 類成癮的行爲會麻痺我們的情緒，並讓人分心，導致我們陷入熟悉的不健康模式和行爲。
- 偏差的界限模式，會讓你無法正確辨識誰是你生命中眞正重要的人，並且會主動遷就他人，而不是優先考慮自己的需求、欲望和感受。

• 爲他人的行爲合理化、找藉口，會妨礙我們說眞話和建立健康的界限。

我們無所知悉的事物確實可能會傷害我們。

這就是瑞秋的案例。這位案主來找我，想釐淸自己爲何覺得人生進退維谷。她做了許多年的自由接案平面設計師，客戶來源穩定，但她常覺得自己可以更上層樓。她有幾件想嘗試的案子，但找不到空檔進行。

此外，她的戀愛情史都很短命，一開始很火熱，然後以爲自己找到了靈魂伴侶，結局卻總是無法避免地令她大崩潰。她尋求諮商時，已經深陷極不愉快卻又藕斷絲連的戀情中。跟她交往的那個男人不善於表達情感，不但經常毫無預警地就人間蒸發，而且多半是在兩人感情更加溫之後。

她告訴自己，對方保持距離正合她意。身爲完美主義者，瑞秋深信，在她事業有成之前，並不適合談戀愛。這位若卽若離的男友非常富有，這更加強了她的信念（也就是：恐慌），卽她的經濟和工作狀況必須達到一定的程度，才能定下來。男友常消失，她剛好有多餘的時間增加收入來源，以確保經濟無虞。她告訴自己，兩人的感情狀態恰好可以滿足她的需求。

她信心十足地提供上述評估，顯然在腦中斟酌這套說詞已經有段時日。

「男友搞失蹤，妳有什麼感覺？」我問她。

「難過。」她低頭小聲回答。

「他回來時，妳有什麼感覺？會把自己的心情告訴他嗎？」我問。

她搖頭。她通常都是生悶氣，不斷找朋友討論戀情，每週還會上六堂熱瑜伽課。然後下次再見到他時，她都會裝得若無其事。

她不好意思地補充：「但有時我真的受不了，情緒確實會大暴走。」

但她在那時也沒表達憤怒，而是傷心。他雖然感同身受，卻依然故我。她深陷這種不健康的互動模式，知道必須改變自己。我也明白我們必須進行一場遠征，就是到瑞秋的心靈地下室看看，找出她的「界限藍圖」。（也可稱「邊界框架」、「界限模式」）

一代代相傳的界限藍圖一

通常我們陷入混亂的界限地獄時，（就是地獄無誤！）不知道界限藍圖會影響我們成年後的信念和行爲。你的界限藍圖就像建築藍圖，只是那棟房子不是由你所設計。

找出童年根深柢固的傳承信念，才能完全掌握人生。這種多半源於潛意識的觀念會全面影響你的人生經驗，而且多半不是正面的影響。除非加強覺知、改變行爲，否則我們只會重複幼時的所見所聞，以及直覺習得的行爲（也就是第五章的主旨：「重蹈覆轍的界限模式」）。

其實這樣的觀點眞的很有道理。孩子隨時都會從周遭環境中觀察、學習、吸收資訊。他們觀察父母如何過日子，並收到清楚明確的訊息：這就是在世上立足的方法。這些資訊因而成爲他們的信念和行爲的基準。

我們成人後明白多數父母已經盡力，同時也明白他們的局限和無知，可能導致孩子產生有害的經驗或信念。卽使父母想讓下一代過得更好，可能也沒有實現這個願望的條件。

你的父母潛意識中也從他們的雙親身上繼承了界限藍圖。界限藍圖就像祖傳祕方或傳統一樣，往往會代代相傳。如果不經省思，這種先人的傳承將塑造我們現在的人生。

探索和挖掘地下室的過程中，最重要的就是明白你的界限藍圖在幾十年前，甚至幾百年前就已經由別人所設計。我們有許多人都是根據古早時期傳承下來的資訊來生活和劃定界限。是的，古老的藍圖造就了你現在特有的界限模式和溝通時面臨的挑戰。

追本溯源，瞭解阻力

瑞秋不太樂意找出心靈地下室塵封已久的箱子。當我問到她的父母如何溝通與設定界限時，她不肯透露。

「呃，他們也做得不好，但如果我開始談論他們，我們的諮商就會沒完沒了。」她邊說邊翻白眼。

在我指導瑞秋擺脫傳承的界限之前，我得告訴她，將現實生活中的點點滴滴串連起來，絕對有好處（而且不需耗費多年的時間）。我們需要找到導致目前戀情問題所在的原始傷疤，但首先得突破她固若金湯的城牆。

情緒抗拒（emotional resistance）是一種自我破壞的形式，我對此司空見慣了。案主來找我時，都興沖沖想要有所改變，但他們停滯不前，不採取實現目標所需的行動。你可能會想，怎麼會有人對能通往自由、幸福和成就感的行動裹足不前呢？這是因為情緒抗拒可以幫助我們避免意識到個人轉變所可能引起的不安。這種本能並不代表我們做錯事、是個壞人或不如人，這只是人性。

未知的事物很可怕，當我們決定不再深陷泥淖，要超越以往的模式、信念和行為時，所要面對的就是這樣的狀況。所以，我們會用各種理由，將自己為何放棄聲稱要做的事情合理化。舉例來說吧，如果你對建立健康的界限感到受阻，可能會把這本書借給你認爲更有需要的朋友。（用關懷強迫症來逃避，你真是狡猾的老狐狸！）又或者你會插手與你不相干的鬧劇，藉此推遲你深知該爲自己和人生所做的事情的進度。

自我評估

你的界限藍圖是什麼樣子？

還記得布滿灰塵的心靈地下室嗎？為了明白如何設定界限，我們必須找到塑造你藍圖的童年經歷。把那些隱藏的資訊從地下室（潛意識）搬到屋裡（意識），你才能眼見為憑，加以改變。

讓我們想一想：

- 回想兒時，家人可以擁有獨立的思想、進行私密的對話和建立個人關係嗎？
- 家裡允許或鼓勵你表達想法和感受嗎？尤其是與其他成員意見相左的時候？
- 家人發生衝突時，會冷靜討論問題，還是對著彼此鬼吼鬼叫？又或者根本就冷戰不說話？

回想這些問題可以快速勾勒出你的童年界限，這樣做很有幫助。但是，全面瞭解來龍去脈才是關鍵所在。完整的界限藍圖練習是成為界限人王的基礎。所以讀完這一章之後，請拿一杯茶，舒舒服服地到你的禪修角落，好好練習。你可以在書末的進階練習找到相關議題。

不健康關係的附加好處

因爲瑞秋強烈抗拒，我察覺到要幫她擺脫困境，恐怕不僅要鼓勵她勇於探索自己的情緒，還必須找到她的「附加好處」，也就是她從自我毀滅的情緒抗拒中能如何受益。

一個月後，我對她說：「我接下來要問的問題聽起來可能很反常，但是請聽我說。妳不直接問男友爲何搞失蹤，導致戀情不上不下，請問妳能獲得什麼好處？」

瑞秋茫然地看著我：「啊？」

「我說得更具體一點。妳停留在這種互動模式中，可以避免什麼感覺或經歷？」我問。

瑞秋想了一會兒：「呃，可以避免吵架，避免尷尬，因爲如果要深入討論，我會不知道該怎麼說。」

瑞秋顯然不想暴露自己的弱點，然而這正是與男友打開天窗說亮話的要素。她覺得自己不敢問他為何一連消失幾天或幾週，之後又若無其事地出現。因此事實上，她是在自我保護，藉此逃避面對被忽視或被拋棄的痛苦。我認為這種痛苦反映出她未曾探究的童年創傷。

附加好處是我們保留不健康行為模式時所獲得的不明顯益處。與此不同的是，主要好處（primary gain）的獲益顯而易見，例如上健身房使腦內啡激增。但是附加好處的運作方式較為隱晦，通常是無意識的。例如得不到愛的妻子可能每晚持續進行「紅酒療法」（即使這讓她在其他醒著的二十個小時都很痛苦），以麻痺絕望和無助的感覺。世上所有的努力都無法幫助你前進，除非你先意識到並探索自己如何從偏差行為中「獲益」。說得更具體，也就是附加好處可以讓你避免哪些感覺與經歷。

附加好處也是人們困在失序關係、不健康的界限和溝通模式的主要原因。找到附加好處將有助於你擺脫抗拒，有意識地成為界限大王。

對瑞秋而言便是如此。一旦她開始意識到她維持現狀、停滯不前的做法對自己有什麼好處時，她稍稍感到鬆了口氣。她坦承，她一直自責把自己搞得這麼狼狽，覺得自己有病才會繼續這段戀情，因為從常理來看，這段關係對她根本沒有好處。當她知道還有其他人也用這種鴕鳥心態保護自己時，這讓她更能同情自己。這個小小的勝利實在不容小覷啊，各位。

痛苦是促使人願意改變的最大誘因。如果附加好處能暗中保護你免於痛苦，你當然就沒有改變的動力。

社會上可接受的飲酒、工作狂或過度運動（我稱之爲「類成癮」）等種種標準，往往阻礙個人成長，但也成爲避免情感痛苦的附帶好處。這類行爲麻痺我們不太想感受的情緒。雖然類成癮不像眞正的癮頭，可能不會立卽（或永遠不會）導致災難性的結果，卻會導致情緒一團亂，繼而阻礙我們成長。

這些不健康的行爲除了減輕可能激勵我們建立健康界限的痛苦之外，到頭來還會衍生其他問題（例如健康狀況不佳，或因酗酒所引發的鬧劇），占據我們的心智空間，耗盡我們的精力。當你一直忙於處理那些爲了轉移注意力所引發的火災，而不去正視眞正的問題，自然就無暇專注並深入探索內心深處的情感和問題。

瑞秋透過諮商，更意識到她獲得的附加好處，以及她無論如何都要上熱瑜伽的類成癮（甚至在政府發布高溫警告時也不中斷）。我們總算有一些進展了。

深入心靈地下室

加強覺知能幫瑞秋撬開地下室緊閉的門。她慢慢對我敞開心扉，講述童年曾目睹與經歷的事情。

她的父親是受人尊敬的律師，也負責掌控家中的經濟來源，所以在夫妻的權力關係中占上風。她的母親得常要求丈夫支付基本開銷，例如購買生活雜貨、孩子上學的服裝費用。這種金錢／權力鬥爭天天上演，她母親每天早上在她父親上班之前，都得據理力爭自己需要多少錢。瑞秋還記得她當時心想：「我以後絕對不要過這種日子！」

最後終於火山爆發。母親帶著瑞秋到父親的事務所，在客戶面前大吵大鬧，尖叫咆哮：「我們家需要地毯！你給公司鋪地毯，卻不肯買給自己的家人？」

母親的情緒一發不可收拾，以致公司得先請客戶離開。但當他們全家人稍後一起吃飯時，她父親只說了一句話：「親愛的，豬排眞好吃。」

沒有人提起當天的軒然大波，甚至也沒說到地毯。這種置若罔聞的情況可能導致孩子接受偏差行爲，或懷疑自己是否有問題，因爲父母把失序行爲視爲理所當然或從沒發生過。

這個瑞秋童年的小故事，證明她的父母沒有能力處理衝突或有效解決問題。如果家庭有虐待、成癮或無效溝通的問題，這種無視、否認，最後導致情緒暴走是很常見的模式。

許多家庭爲子女提供謬誤的人我界限資訊，結果孩子學到：大家就是這麼做，我也應該這麼做。於是成年之後，我們就不知不覺利用這種有誤的情報，打造人生和人際關係。

在獲得瑞秋地下室的潛意識資料後，這段戀情讓她感到如此熟悉的理由就顯而易見了。深入探索幼年時期的痛苦往事很難受，但瑞秋發現人生停滯不前比面對眞相更煎熬，她讓自己在診間和家裡盡情嚎啕大哭。

同時，她的眼淚也釐清了思緒。瑞秋就像她的母親：瑞秋的需求並未得到滿足，只能偶爾情緒崩潰，卻無法改變男友的行爲。她的母親避免理性衝突的附加好處，是不必冒著在缺乏資源的狀況下獨自養大孩子的風險。瑞秋像她的母親一樣感到無助，只能坐視男友的惡劣行徑，因爲她無能爲力，尤其是兩人的經濟實力懸殊。可以說瑞秋就是她母親的翻版，因爲恐懼，所以任由狀況惡化，直到忍無可忍就大暴走。

一旦瑞秋更瞭解了自己的界限藍圖，她覺得很興奮，她打算根據自己想要的未來，有覺知地繪製新藍圖，而不是根據原生家庭的過去走老路。

狡猾的界限障礙

現在，你已經了解界限藍圖，再來看看日常生活最常見的界限障礙和陷阱。

一、你的貴賓區設有紅龍柱嗎？

想想看，有誰會讓你不顧一切、重新安排行程，只爲努力討好對方。更重要的是，爲什麼你會這麼做？

你的貴賓區代表心理、大腦和人生中的神聖位置，而且（或應該）只保留給可以增加你價值的人，他們能帶給你活力、讓你成長、爲你打氣。但不是任何人都有權利進入貴賓區！如果對方值得成爲ＶＩＰ，你們的關係會是雙向道，彼此尊重，也會有合理的互相妥協。你的貴賓不見得十全十美，他們也是人，就像你一樣，但他們絕對不該常讓你感到疲憊、覺得遭到利用或剝削你。

如果你習慣討好別人，可能會受到潛意識藍圖的影響，認爲你必須讓所有的家人、小學同學、分手的戀人或亦敵亦友的人，甚至自認爲是貴賓的任何人都進入ＶＩＰ區。你既沒有保鏢，也沒有紅龍柱，內心亦無法平靜。

有些人自覺全天候都能闖入你的生活和內心，如果你有高功能關懷強迫症，對他們說清楚講明白並非你的內建反應。也許你有朋友一旦遭遇困擾或挫折就會打來，要求你提供最高等級的安慰（就是不分晝夜）。你忍受著胃痛，心不甘情不願地聽著對方的抱怨，後來你還得跟眞正的貴賓訴苦：「她竟然又在半夜打給我！誰會做這種事？爲什麼？」

說眞的，誰在乎她爲何打了一百萬通電話？我們不該在意別人的動機，畢竟別人一定會不停地向你提出各式各樣狗屁倒灶的要求或期待。除非你讓它成爲問題，否則那不是你的問題。把注意力放在他們身上會讓人分心，你要把注意力拉回到自己。

想成爲界限大王就是要對自己的動機感到好奇。就上述狀況而言，眞正的問題應該是：你爲什麼總是會接對方的電話？

你的貴賓區是立基於你的價值觀、操守和底線之上。如果你的朋友不老實、不守法，而你又很看重誠實和品格，問問自己：這個人有資格進入我的貴賓區嗎？答案恐怕是否定的。

對朋友或家人必須保持忠誠的想法可能會讓你感到糾結，這很正常。但如果媽媽／爸爸／姊姊／任何人無法獲得你的信任或尊重，你就有權利與對方劃清界限。事實上，你有義務確保任何人在未經你明確許可的情況下，都不能跨過紅龍柱，越過你的底線。

有了健康的界限，你就能主動區分你周遭人們的優先順序。乍聽之下很無情，但說實話，我們不可能也不適合讓身邊每個人都排在第一順位。當你與某人在一起時，你覺得精力充沛還是心神耗弱？你覺得開心期待或擔憂害怕？哪些關係讓你覺得是負擔而不是你能自由選擇的？這些問題的答案會透露，你、你的人生、你的精力和你寶貴的時間該留多少給對方。

你不必現在就做出任何重大決定（即使你永遠不做選擇也可以）。我的目的是要讓你明白，只有「你」才能決定誰有榮幸成爲你的貴賓。你可以隨時修改貴賓名單，無論對方是親戚、朋友或挑剔的同事，但你不必毅然決然地和對方老死不相往來，除非你想這麼做。要成爲界限大王，就得從制約心態（如果不邀表妹參加我的生日趴，她會很不高興），轉變爲有能力、有成長空間的自主選擇。（我想邀哪些重要人物一起慶生？）重點是你有選擇權，如果邀表妹參加生日派對讓你覺得憋屈，那就別邀她。

二、你總是扮演濫好人嗎？

你付出時是經過有意識的判斷，還是自然反應就說「沒問題！」如果是後者，你可能是反射性地答應。任何不假思索的回覆都只是反應，而不是經過思考的選擇，我稱之爲「當然是YES」。

也許別人要求你負責孩子班上的募款活動，儘管你當時正忙於搬家，或者你的母親生病需要照顧，你眞的沒時間幫忙，但你還是一口答應，彷彿你別無選擇。

不假思索就同意，是自幼以來養成的積習。你可能自覺得好說話，或者別人已經這麼看待你，但內心深處，你通常當下就知道自己理應拒絕。

其實停止「當然是YES」的行爲比想像中容易。在聽到對方的請求時，你可以利用片刻的沉默，來練習阻斷這種習慣。

雖然維持片刻沉默就像房子已經失火卻不打給消防隊，但其實你應該擁有這段思考的沉澱時間。（更何況根本就沒失火）沒有人有權利要求你立刻，或是稍候片刻就得回答。先採緩兵之計，然後說「我考慮看看」，可能會很有效。你會驚訝地發現，原來不馬上答應違背心意的事情，會多麼令你如釋重負。

就這個例子而言，拖延時間可以打破根深柢固的模式，有助於與當下保持距離，從第三者的角度想想你眞正的想法和感受。試試看！無論如何，我們都得停止一再重複做一堆根本不想做的鳥事，才能全心投入我們眞正想做的事情。

你也可以在其他方面嘗試使用沉默的力量。不要覺得填補尷尬的沉默是你的責任，你可以把這種時刻視爲有力的停頓，這樣才有可能讓你更活在此時此刻。你當下可能想說些話、做出回應，以避免尷尬的沉默，但這樣做會因此錯失與人產生更深層的連結和交心的機會。如果你有意識地允許自己保持片刻的沉默，你可能會驚喜地發現，你能更進一步瞭解自己和身邊人們的想法。

三、你是否過度付出？

過度付出是「當然是YES」的壞心後母，總是會導致不良的結果或負面的影響。如果你有關懷強迫症，肯定能瞭解：自願一肩扛起所有差事，主動幫忙完成不屬於你分內職責的專業任務，就因爲你覺得有人需要協助，不妨就讓能幹又有才的你來救援。

然而，即使你不認爲自己是關懷強迫症患者，也會落入這種界限失守的陷阱。我們女性自小就被灌輸要符合特定的樣貌：如果我們眞是好媽媽、好姊妹、好女兒，在每個關係和角色中都要表現出色，這樣才是無私。我們會處理好任何人給予的任務或責任，而且以奉獻和友善爲藉口，讓自己不合時宜地介入其中。身爲一個過度努力、過度付出的過來人，我眞的明白這種感受。將他人的需求置於我們自身之上，這才是讓我們能成爲好人的方式，對嗎？其實這種想法大錯特錯。

下次當你又有這種衝動時，先問問自己，我的付出是出於愛，抑或因爲恐懼或需要？儘管你看似堅強，不願承認自己也會害怕，也有需求。然而在許多情況下，恐懼和需求就隱藏在所謂「慷慨大方」的光鮮亮麗外表下。也許恐懼是因爲你害怕別人認爲你冷漠，而需求是你追求自我感覺良好、平靜，以及能掌握大局的狀態。透過成爲不可或缺的人，可能會給你安全感。

但是這條路走得越久，自我感覺良好的光采就會逐漸變得黯淡。到頭來你會心生不滿，甚至對所有人都覺得受夠了。都是一群愛利用別人的自私鬼！（開玩笑啦，但雖不中亦不遠矣。）我們常怪罪別人予取予求，因爲這樣，我們才能避免審視自己的邊界。要記得，「付出」是愛，但「過度付出」就是個問題了。

過度付出和關懷強迫症的行爲終究會讓人感到空虛，因爲到頭來，你什麼都沒留給自己。如果你對人生一體適用的方案是付出更多，這樣眞能建設性地解決問題嗎？不是喔，因爲沒有人可以永遠用這招。

要擺脫這種自我毀滅的可怕陷阱，就要利用正念外加自我照顧。要中止這種根深柢固的模式，就要先想到關心自己，而不是在意別人。對他人做出承諾前，先問問自己，根據你的能力和感受判斷，對方是不是重要人物，然後再做出每個決定。如此一來，你會重新調整你的慷慨程度，付出時也會由衷感到高興。

四、你是否先答應，事後卻又懊惱？

你是否曾經同意和親朋好友或同事一起做某件事，或爲他們做某件事，但是事後馬上就後悔不已：「該死，我幹嘛答應？」心生不滿是意料中事，這一切只因你想避開一時不安的短痛，卻造成日後的長痛。

我有個經典案例。有個案主是來自美國中西部的貧困農家，即將嫁給曼哈頓富有的地產大亨。她不可自拔地愛上對方，但男方的家人卻對這個女孩超不爽，只當她是個討人厭的拜金女。她發現他們的想法後，立即同意簽署對她極爲不利的婚前協議。她告訴我：「當時我相信一切都會好轉。」結果並沒有，一點都不好。

十年過去了，他們有三個孩子，經歷了幾次男方出軌之後，他家人的願望終於成眞，他們的婚姻破裂，但她卻無法獲得任何保障。她失去家庭、贍養費，以及兩人多數的共同「朋友」。爲什麼？因爲她決定簽署婚前協議是爲了討好他的家人，卻忽視了自己的權益。當初她天眞地認爲夫家會看出她是出於一片眞心，繼而願意愛她、接納她，但她始終沒等到那一刻。

往往我們在同意的當下，就讓自己承受了諸多壓力，卻根本沒意識到（甚至只是隱約感覺到）結局可能會令人非常火大。這類的同意有時是擔心別人覺得自己自私，於是我們讓自己的權益受損，還以爲這麼做會更討喜或讓人覺得更大器。

各位，我們得認眞思考這種過時、尋求認可、自我放棄的行爲。所謂的界限大王就是要懂得照顧自己，優先考慮自己的想法和感受，並且能辨識糟糕的協議，而這是一件好事。

五、你是否拒絕別人幫忙？

「放心，我可以自己來。」如果你覺得這句話很耳熟，那麼你可能常拒絕別人伸出援手，卽使對方是自願，也眞心出自一片好意。

對多數高功能關懷強迫症的姊妹而言，卽使你眞的需要協助，求助也絕對是最糟糕、最不得已的手段。如果你對多數事情都不自覺地說「不用，我可以。」就該好好自我檢討了。

我很瞭解這種習慣。我剛開始和我先生維克約會時，已經習慣凡事都自己來（我也會爲某些人赴湯蹈火）。他開始追求我之後，時常獻殷勤，好比在接我之前先買好歌劇門票，這樣我就不必在雨中排隊。每次他有體貼的提議，我都會說：「喔，不用啦。」當時我完全不明白爲何他顯得如此失望。後來我母親聽說了這事，她問我：「維克喜歡照顧妳，妳爲什麼要拒絕他享受這種快樂？他的確沒必要做那些事情，但是他想做啊！」

是喔。我想都沒想過。

她還說：「如果把他的提議想成包裝好的禮物，每次妳說不必，就像把禮物扔到他的臉上一樣。我就是妳的前車之鑑。如果妳從不要求或接受協助，堅持凡事自己來，最後別人就不會再獻殷勤，然後妳就會像我一樣，凡事眞的都得自己來。」

靠。

媽媽的眞心話切中要害，從那一刻起，我開始接受並允許維克和其他人的協助。（謝謝媽咪。）

身爲準界限大王，你的任務是開始覺察爲何自己會拒絕別人的好意，或爲何不對外求援。問問自己：「爲什麼我不答應？爲什麼不開口表明我的需求？我到底在怕什麼？」

拒絕別人的協助往往是一種想繼續掌控大局的隱密方式。你可能不想成爲他人的負擔、不想欠人情，也不希望別人有任何機會覺得你很脆弱。這種情形可能以大大小小的方式表現，你可能堅持只靠自己，甚至去機場都不肯讓計程車司機幫你把重死人的行李搬進後車廂。或者你可能面對家人健康出問題或陷入工作糾紛時，就乾脆自我封閉，獨自承擔一切。但合理的示弱（或主動示弱，也就是第六章的主題）是眞正親密感的基礎。事無大小，你都要提高覺知，因爲你可能阻擋了別人爲你的人生增添價値的善意，你也値得人們深入瞭解你、支持你。

六、你是否過度樂觀？

你是否會與朋友分享痛苦的事情，無論你的感受或語氣如何，對方都會回答：「啊呀，事出必有因啦！」我信你個鬼！這就是過度樂觀的一個例子，這類人會爲令人討厭或難受的事情勉強找理由（如前例），或輕鬆地回妳道：「事情終究會過去的。」

多謝妳鼎力相助啊，貝蒂。

但請不要誤會我的意思。眞心樂觀看待人生可以提高你的能量，同時這種心態也是我開心過日子的有力工具。但是用樂觀「修復」對方分享的消息並不是好的傾聽者，而且也不是你的責任。

過度樂觀代表拒絕或無法面對現實。當我們不願面對不舒服的情緒時，就會用這種方法。任何經歷過離婚、生病或任何危機的人，都可能遇過別人對他們的處境做出過度樂觀的回應。

我剛得知自己罹癌時，有個朋友說：「這是個讓你探索內心陰暗面的好機會。」當時我正處於健康危機中，並不想聽到這種反應。雖然我不反對深入探究內心，然而她堅持要用她的方式來解讀我所經歷的事，好讓她能有某種程度的控制感，這讓我很不悅。聽到唐突的過度樂觀回應，可能會令人覺得很不舒服。任何使用這種方式的人（包括你自己），都是因爲他們無法忍受痛苦或不安，因此依賴這種扭曲、逃避的自我保護機制，

學會輕鬆而優雅地劃清界限，並透過說眞話尊重自己，就不必以過度樂觀當擋箭牌。如果發現自己過度正面、盲目樂觀時，先暫停一下。相信你的覺知，你就可以在眞正的樂觀和事情的眞相之間取得平衡，進而發現眞正的自我。

拆穿自我欺騙的謊言

自我欺騙是放棄掌控自己的人生和經歷，並且希望能因此盡量避免衝突或爭執。我們給自己的藉口，或乾脆直接撒謊，就是爲了將我們自己或他人的行爲合理化，以避免設定界限。這也是一種抵抗，用來說服自己能有理由不敞開心房好好談談，或是無須戳破別人的鬼話。

當然，我們並不是刻意要對自己撒謊，但是編造沒有事實根據的理由和藉口，會阻礙我們被理解或說眞話。你可能會覺得，與其要求另一半分擔家務，不如自己來還比較輕鬆。這種放棄溝通的方式可能有助於避免衝突，但不滿的情緒卻會揮之不去。

你會不會爲別人不太OK的行爲找藉口？例如：「他現在工作壓力很大，所以昨晚才會對我大吼大叫。」或是「她不是故意對我說那些難聽話，只是她現在過得不太好。」

這種行爲也可能是因爲害怕被報復。我們否認自己的經歷，告訴自己，「恐怕是我想太多了」。或者說服自己別說出內心話，因爲害怕別人會用負面眼光看待我們，比如說，如果我去找人事部，他們可能說我大驚小怪或是愛找麻煩。這種自我放棄的行爲，跟有意識選擇不挑釁惹事是不同的。

自我評估

你是否會爲他人的惡劣行徑找藉口？

想想以下的問題，有助於辨識你可能在哪個層面幫別人的惡劣行徑找藉口開脫。

◆ 你是否過於體諒他人不可接受的行為？尤其是你知道他們正遭逢困難，或童年時曾過得很辛苦？（哈囉，共感人、高敏感族。）

◆ 你是否會先為對方惡劣的行徑找藉口，以避免發生衝突？

◆ 你是否會接受冒犯者的爛理由，然後放過他們（和你自己）？這樣他們就不必為自己的行為負責，而你也能避免表達自己的立場，不會造成衝突——這對持續性情緒障礙是「雙贏」策略。

如果你對上述任何問題的回答是肯定的，或許你已經準備好要擺脫這種行為。請花點時間慶祝你願意改變，不要想著以前辦不到的事情。正如露易絲·賀所說，「最有力量的一刻就是當下[21]。」

擺脫原生家庭傳承的界限失守

我們在這一章講述很多重要資訊，探索你的界限藍圖如何影響你現在的界限失誤，你可能覺得不知所措，這很正常。深呼吸，你有很多跟你一樣迷惘的同伴，你並不孤單。

當案主終於知道可以為自己制定更合宜、更有力的界限藍圖時，我常聽到他們表示感覺到深刻的平靜。一旦知道積習可以轉變為有意識的選擇，當然會感到如釋重負。

這就是瑞秋的感受，因為她擺脫界限框架後，開始檢視人生中過時的界限模式，尤其是在戀情中，她更有這種感覺。有時候，她覺得自己被從原生家庭繼承的各種界限失守搞得不知所措，但她知道，她的人生就是要理清楚搞明白，而且她決心改變。

就像我大多數的案主一樣，她蛻變的過程就像脫去一層層舒服甚至心愛的衣服，因為它們已不再合身。她眞正獲得自由的時刻，是她終於擺脫自我欺騙的最大謊言：也就是她原本認為自己必須具有一定的經濟基礎後才能（也值得）擁有一段令人滿足、互惠

---

21 作者註：《創造生命的奇蹟：影響五千萬人的自我療癒經典》第三頁，作者為Louise L. Hay，一九八四年由加州卡爾斯巴德的Hay House出版。

的戀情，也明白她男友不尊重人的行為控制了她。就潛意識而言，她確實從他的惡劣行徑獲得了一些保護或利益，（哈囉，又見面了，附加好處！）但在更眞實和更自由的層面上，並非如此。

她勇敢面對眞實的情緒，擺脫病態模式，不再接受她根本無法忍受的事物。這點很重要。能在生活中做到這點，就會停止迎合別人的惡劣本能和行徑。

最後瑞秋結束了那段戀情，坦誠面對隨之而來的失戀痛苦，但唯有這樣的痛苦才能解放她。她逐漸能說出眞心話，並在戀情中設定有效界限。她後來與某位創意總監墜入愛河，第一次感受到別人看見並愛上眞正的她。

檢視我們在這一章探討的內容，你會重新找到關注自己的時間和精力，而不是糾結於他人的行為。困在偏差的模式中停滯不前，會消耗生命力，希望這個體悟能提供你所需的動力，拋開主宰你行徑的謬誤潛意識信念。

去大自然散散步，或喝杯喜歡的茶幫自己打打氣。只要你覺得準備好了，我們就開始學習下一章的「重蹈覆轍的界限模式」吧。

界限大王練習

1. 初階練習：

狡猾的界限障礙會在日常生活中不斷出現，請多加留意。例如：你是否會立刻答應他人的要求？是否過度付出？是否拒絕別人的幫助？為他人惡劣的行徑找藉口？請牢記這些模式，這樣你更能意識到在你的關係中，你獨特的界限障礙是如何表現出來的。

2. 進階練習：界限藍圖的全面升級版。

你需要花時間找出你的界限藍圖，這也是成為界限大王的基礎。請勿跳過這個步驟！在日曆上標註好好愛自己的日期，舒服地待在禪修角落，看看第295頁的「個人教戰大補帖」，閱讀進行這項重要工作的必要指南。

第五章

別用過去的創傷，懲罰現在的自己——跳脫重蹈覆轍的界限模式

本章重點

- 限制性信念的種子根植於童年時期，會妨礙我們設定界限和自我認同。
- 唯有揭露並理解童年時期劃地自限的「眞實的主觀」，才能更深入、更全面理解自己的經歷和／或信念。
- 當「重蹈覆轍的界限模式」出現時，就是我們的內在小孩在拚命複製令人失望、痛苦、充滿創傷的童年經歷，並期望能改變結果。但如果我們沒有學習新的技巧和知識，是不可能有所改變的。
- 唯有正視你眞實的經歷和情緒，你才可能康復。
- 清理存放在心靈地下室（也就是你的潛意識）的錯誤資訊和限制性信念，能給你更多空間，爲積極有效的想法和行爲種下種子。

艾希莉是堅強又幽默的傷科護理師，她最初來找我學習減壓和助眠法時，正飽受更年期的盜汗、失眠和「看所有人都不順眼」的困擾。才來找我幾次，她就說自己已經受夠約會，因爲她的「擇偶感應器壞了」，並且坦承她幾乎每段戀情都脫序、不健康。她隨後又提到父親在她兩個月大時就遺棄他們全家，包括她、她的母親和哥哥。不能算是他出去買菸就沒再回來的故事，但其實也差不多。

據她母親說，她父親聲稱在另一州找到「很好的工作」，並承諾一找到合適的住處，就馬上派人去接他們過去。後來他們就再也沒聽到任何與他有關的消息，他從此人間蒸發。

我直覺知道，她目前的壓力狀況、界限問題連連的戀情都與這個創傷有關。

艾希莉接受諮商幾個月後，我們解讀她的界限藍圖。她隨口提起，她的父親就是因爲她才離家出走的，她的口氣彷彿是在陳述一個不爭的事實：天是藍的，我出生沒多久就導致家庭破裂。

「妳爲什麼會這麼想？」我問。

艾希莉聳肩說：「因爲我媽這麼說的。」

就算艾希莉的母親只提過這件事一次，光是那一次就能在艾希莉的內心留下傷疤。

更何況她母親從艾希莉幼年時就一直說著這個痛苦的故事，幾乎一有機會就把家庭破裂的原因全都歸咎於艾希莉。她的哥哥也從旁附和，如此更進一步證實這種說法：艾希莉的出生導致她父親拋家棄子，這是個家傳故事，也是公認且不容質疑的僞事實。

當我問起嬰兒如何能爲成人的行爲負責時，她一臉困惑。「哦？」她說，「我從沒這麼想過。」

這就是艾希莉最嚴重的限制性信念（limiting beliefs）。

──限制性信念的心魔──

像艾希莉這樣的限制性信念，在童年時期就開始萌芽，我們可能不知道它們的存在，也不知道它們如何影響我們的行爲和自我認同。就我的經驗看來，當這些信念無意識地成爲自我認同的一部分時，我們就不可能得到深入的親密感，同時也會導致我們無法正確認識自己，別人更不可能發自內心地瞭解我們。

我們在上一章檢視了家庭及文化傳承的莫名觀念，衍生出令人惱火、困惑和極度不滿的關係、狀況與界限。現在該拿出橡膠手套了，因爲我們得繼續打掃心靈地下室。

這次的工作更精細，要確認特定的限制性信念是如何深切刻印在我們的藍圖上，導致我們成年後痛苦地（在潛意識中）重複著童年的經歷。

這種更高層次的心理排毒需要勇氣、好奇心、安排時間待在禪修角落，並且不帶任何偏見，甚至還需要一點警覺性。我喜歡這麼比喻：你不可能上一次健身房就練出理想中的身材；同樣地，我們的地下室放了一堆陳年雜物，我們得繼續努力找出遭到壓抑或未經檢視的信念。

關於孩童認定的真理

在職場上秉持拚命三郎精神的艾希莉，已準備接下這份具有挑戰性的任務。她從小就被灌輸是自己一手毀了她的家庭和她母親的人生。這個謊言奠定了艾希莉一生的基調，難怪她習慣工作超出合理限度，不自覺地投入不健康的孽緣，永遠精神緊繃，因為她覺得自己不配，她甚至從沒想過可以質疑這個被視為理所當然的說法。她有如大夢初醒，發現自己也是打造自我牢籠的共犯。如果她想越獄，就得先瞭解這種限制性信念是如何規範她的行為、選擇和自我認同。

限制性信念或童年故事不只來自父母、老師、照顧者和社會對我們的評價。兒童通常也會自己構建一個說法，試圖理解難懂的狀況。例如：多年來，我無意間認定自己讓父親失望，因爲我毀了他生兒子的最後機會。我覺察這個限制性信念之後，發現成年的雄心壯志背後都是爲了證明自己的價值——但那未必是我的選擇。因爲父親已經去世，所以我去問了向來有話直說的母親。她告訴我，父親從未因爲生女兒而感到失望，也不渴望有兒子。

這倒有意思了。我從小就創造畫地自限的故事去瞭解父親的感受，以減輕現實帶給我的打擊。我認爲性別是問題所在，這樣想總強過父親對我毫不關心的事實。許多孩子就像我一樣，當無法理解不愉快甚至是創傷經歷時，就會自己建構一套故事塡空。

在沒發現這些限制性信念（不論是自己創造或由傳承而來）時，我們會把這些信念視爲「眞理」。這些眞理在多年後仍會危害我們，可能對我們的自尊、自我價值、生活品質和人際關係產生負面影響。艾希莉的情況就是這樣，我也是如此，或許這也能套用在你身上。

當你繼續探索自己有哪些自我設限時，我們先釐清何謂這些情況下的「眞理」。當事情涉及人際互動和感受時，沒有人可以完全掌握眞理。在唐·米蓋爾·魯伊茲（Don Miguel Ruiz）根據古老托爾特克[22]智慧所著的暢銷書《打破人生幻鏡的四個約定》中，其中的第二項約定是：「不要將所有的事都當成是對你的人身攻擊[23]。」魯伊茲認爲，我們死守著自己認定的主觀事實，所以別人對我們的評價透露更多的是他們自身的訊息，而不是與我們有關的觀點。

我們在孩童時期並不具備洞察力，因此這些錯誤觀念深植我們心中，如果沒有人從中干預，種子會不斷成長。根據心理學家卡爾·羅傑斯（Carl Rogers）的說法，照顧者或父母會教導孩子價值觀[24]，也就是孩子必須遵循的行爲標準，才能得到愛，並避免被指責。所以如果你小時候聽到父母對你說：「你很重要」，你就會相信；如果他們說：「你是沒有價值的」，你也會深信不疑。

成長中的孩童無法選擇拒絕不公平的對待，或質疑他們賴以生存的人的說法可疑。兒童是最好的受制聽眾。我們年幼時，好比說七歲吧，根本沒有能力上租屋網站，父母或照顧者完全控制了我們，如果他們沒察覺到自己的教養方法有缺失，就可能會暗示

---

22 Toltec，托爾特克文明興起於公元十世紀的墨西哥中部，在十二世紀沒落。

23 作者註：《打破人生幻鏡的四個約定》(*The Four Agreements*) 第三十八頁，作者爲Don Miguel Ruiz，一九九七年由加州的Amber-Allen Publishing出版。

24 作者註：出自John A. Johnson的「附議四個約定」(Agreeing with the Four Agreements)，二〇一〇年十二月二十九日刊載於今日心理學網站 (psychologytoday.com)，資料查閱於二〇二〇年四月。

或明確傳達負面資訊給我們，也就是他們的孩子。

艾希莉的母親陷入痛苦深淵，因爲年輕的她突然成爲要照顧兩個幼童的單親媽媽。她的人生分崩離析，她需要找個代罪羔羊。打從襁褓時期，艾希莉就成爲母親發洩痛苦、憤怒、羞辱和失望的「理想」對象。童年的艾希莉從未想過要質疑母親——她唯一的照顧者。她像所有的孩子一樣，得仰賴媽媽才能維持基本的生存需求。

唯有揭露並理解童年時期你所認定「眞實的主觀」，你才能更深入、更全面地理解自己的經歷和／或信念。

讓我們繼續處理艾希莉被當成代罪羔羊的感受。（莫名其妙就被人抓去當墊背，呿！）她開始接觸深藏在潛意識的憤怒、悲傷和失落。我們一起證實了嬰兒根本無法選擇是否要來到人世，更不可能有能力害家庭破裂。我們繼續拆解艾希莉的限制性信念、哀悼她從未擁有的童年，專心揭露並治癒她的童年創傷。

自我評估

你有什麼心魔？

現在開始拆解你特有的限制性信念。花點時間想想你的「心魔」，你是如何認定自己的價值、能力或潛力，這種認定又如何阻礙你在人際關係中打造健康的界限。

來看看我這二十年見過的限制性信念：

◆我對跟數字有關的事都一竅不通。

◆我總是想太多。

◆我總是選錯伴侶（這點跟我媽很像）。

◆我的戀愛運很差。

◆我做錯了選擇，所以我活該倒楣。

◆我不能信任自己。

◆我已經完蛋，沒救了。

◆我的責任就是確保其他人都沒事。這就是我的人生。

覺得這些話很耳熟嗎？如果沒有符合你的敘述，花點時間找到你的心魔，並把它們寫下來。

當你覺察那些限制性信念妨礙你充分表達自我時，可以問問自己為何如此認定，然後放下這些信念，就能有意識地選擇關注自己以及你人生的可取之處。

試著發現你的強項和成就，虛心並充滿感恩地接受他人的認同。

一切只是「你以為」

艾希莉的潛意識認定，光是她的存在就足以嚇得父親拋妻棄子，她因此覺得自己沒有存在的價值，充滿自責、羞愧，這些情緒導致她在生活和職場都陷入不快樂及有害身心的狀態。她選擇的職業——急診醫學，代表她每天都會面對混亂和高度緊張的情況。她在曼哈頓最繁忙的一級創傷中心工作，幾乎是一般所需工時的兩倍，一週輪三班，每班十二小時是常態，還可以選擇加班。艾希莉通常以這種強度每週工作五到六天。這種選擇並非偶然。

忙著應付生死大事，就不會有心力自省。同時艾希莉也有強烈的自我放棄傾向：她鮮少想到自己的身心健康。病患的槍傷、車禍、腦外傷等狀況都比她自身的需求重要。這份工作其實非常適合她，眞的。她彷彿無意識地在爲自認犯下的罪行服刑贖罪。

這種自責和羞愧影響她所有的決定和戀情，她不自覺地陷入無可避免的虐戀。在內心深處，有一部分的她認爲自己活該。幸而多虧了更年期，她才有機會來找我，因此能扭轉局勢。從那時起，她開始意識到，無論如何懲罰自己或拚命努力，都無法改變她母親對某些事的看法，或是對她的看法。

重蹈覆轍的界限模式

艾希莉的限制性信念已經嚴重危害她的自我價值，但她界限失守的故事不僅止於此。艾希莉的戀情、對病患的盡心照護，都有「重蹈覆轍的界限模式」(Repeating Boundary Patterns)，她潛意識把幼年情景(也就是拋棄家庭的父親和獨力教養的母親)搬到現在的生活中。成年之後，她會不經意地尋找能呼應幼年遭遇的關係和生活方式，儘管她根本不想過這種生活。

也許你對這種情況也心有戚戚焉。你是否曾覺得自己一直重複陷入同樣錯誤的關係中？可能是反覆愛上同一種冷漠／專橫／不負責任／工作不穩定／控制欲強(請自行填入其他爛性格)的人；在工作中老碰到混帳或自戀狂的老闆；或者你常遭到好友拒絕或背叛。反正就是諸如此類的情況。

這些令人沮喪的狀況就是你「重蹈覆轍的界限模式」。你可能下決心絕不要再像母親一樣，一肩扛起所有工作；或絕對不要像爸媽一樣，和配偶吵個沒完沒了，結果啊呀呀，你發現自己還是在重複你這輩子都試圖避免的那種咬牙切齒的狀況。

發現自己一次又一次重演令人不滿的互動，導致同樣糟糕的結果，這可能讓人困惑，甚至沮喪。相信我，你不是特例，也不瘋狂，更不是生活魯蛇。無意識地重複討厭的經歷是很常見的。然而，透過資訊、努力和指導，這種傾向百分之百可以治癒。

謝謝撫養我們長大的父母或照顧者：我們重複他們教導的好事，但也會重複他們的偏差行為。要同時承認好、壞這兩種現實，可能是件很困難的事。事實上，對於喜歡照顧別人、在乎他人感受的人而言，即使這樣做得賠上自己的幸福，他們也覺得有義務讓父母（以及對其教養方式）感到好過一點。

有些人發現，承認負面經歷和情緒，獲得情感上的自由，就能更真誠地欣賞正面又令人欣喜的事物。當你心情欠佳、感覺愧疚或不滿足，就先停下來，待在禪修角落裡深呼吸，點個蠟燭，並寫下你的感受。請記住，你所經歷的事情和感受都是真實且有意義的，你的情緒也不容他人置喙。

不僅如此，你能感受到這一點也非常重要。如果你的原生家庭界限模糊，要求「群體思維」（也就是不鼓勵你獨立思考），就代表你的早期教育教導你，如果你的眞實感受和回應與家人不同，就要將其隱藏起來。

唯有承認自己的經歷和眞實情緒，才能獲得療癒。你內心成熟的一面，可能不斷將父母爲何讓你失望的原因合理化，爲他們找藉口。（我不需要認識他們，也知道他們讓你失望了，因為他們和我們一樣，並非完人。）現在是優先考慮你眞實感受的時候了。現在我們就來達成一個共識，那就是所有人在當時都已盡了最大的努力。讓我們樂觀地假設，如果當時他們有更好的選擇，他們肯定就會那麼做。

回溯童年經歷不是爲了責怪任何人，而是爲了理解對方。你也需要願意將現在父母給你的印象（如果他們還在世）與他們當時的形象區分開來。例如你爸媽可能在十年前戒酒了，（幹得好，伯父伯母！）你的直覺就是恭賀他們的成就，而忽略了當年你身爲酒鬼的孩子的無助經歷。但你知道誰對那個紀念戒酒十年的獎章根本不屑一顧嗎？當年才十二歲的你，因爲父母酗酒而無法酒駕開車回家，只好把車停在路旁，而你在凌晨五點還得睡在未熄火的車裡，這種情況給你很大的壓力和負擔，覺得全家的幸福都得靠還是孩童的你承擔。那個孩子需要我們的同情和關懷。

你是否有任何童年經歷仍在心中造成強烈的情緒波動？之所以讓你緊繃的部分原因

是因爲這些經歷不會被檢視，它們仍以某種方式影響你的行爲。你懂嗎？若你發現自己還心懷怨恨，那就更要承認這種情緒並將之放下。想成爲界限大王就要正視我們的所有經驗，因爲這次的主角就是你自己。

擺脫似曾相識的困境，就能重新開始

「重蹈覆轍的界限模式」概念靈感，來自佛洛伊德的「重蹈覆轍強迫症」(repetition compulsion) 理論[25]，他將其描述爲：「渴望回到事情之前的狀態。」原理是因爲人類會在熟悉的事物中尋求慰藉，卽使這個經驗很痛苦。想要待在舒適圈，過著重複同樣的生活是人類的天性，無論那種生活是正面、有益或徹底有害。

我在諮商診間有時會看到案主無意識重複著偏差的界限模式。有個案主從小就畏懼一板一眼、有完美主義的母親，長大後卻總是愛上難以取悅又是控制狂的男人。幼時遭到叔叔性侵的女人可能會迷戀上不尊重她的男人，藉此證實她認定自己一定有毛病的想法。身爲諮商師，我會利用案主一再發生的困擾當作地圖，引導他找出需要關切的最初創傷，如此他們才可能走出不健康的界限模式。

從意識心智的角度看來，放任自己陷入悲劇輪迴似乎有違常理。熟悉但卻痛苦的狀況所帶來的安全慰藉，怎麼可能強過未知的願景？但從潛意識思維的角度而言，我們的大腦希望得到更好的結果，當重蹈覆轍的界限模式出現時，每個人的內在小孩都急著複製令人失望、痛苦、充滿創傷的童年經歷。儘管重複的形式殺傷力強大又有害，但這種衝動包覆著自我修復的愛。

你是否曾有過一段糟糕的戀情，但當時心想，這一次跟之前絕對會不一樣，但除了「你希望它不一樣」之外，卻沒有任何證據或理由證明結果眞能如你所願？人類總是心懷希望，但老實說，如果不能覺察藏在地下室的有毒物質，你就不可能確知不良界限模式源自於童年的哪段經歷，也很難培養新技巧或獲得更好的結果。我們接下來就要討論你可能重複的模式和原因。

療癒過往創傷的3Qs法

要釐清過去如何干擾現在的狀況和人際關係，我們只需遵循自身的情緒線索，就能找到目前衝突和過往創傷之間的關連性。沒錯，你今天的惡劣情緒很可能是深植於過往

25　作者註：「重複強迫症：爲什麼我們要重複過往？」(Repetition Compulsion: Why Do We Repeat the Past?)，作者爲Kristi A. DeName，二〇一八年七月八日刊載於psychcentral.com/blog，資料查閱於二〇二〇年四月。

未被正視或未經處理的舊情緒。找出往日創傷的方法可透過三個簡單的問題，也就是「清晰的3Qs法」。我稍後再做解釋。

我先分享案主珊迪的故事加以說明。她是二十八歲的法務助理，在職場上與某個她稱爲「絕命惡霸」的同事發生日益激烈的衝突。接近崩潰邊緣的珊迪不斷反芻這個狀況，連續失眠了好幾個禮拜。她擔心情緒爆炸，也怕因此失去工作。

檢視珊迪的工作史時，我們可以看出某個模式：在過去幾份工作中，她總會碰到某個會與她槓上的女人，讓她身心俱疲。

這種經驗不是一、兩次，而有三次之多，這一點別具意義。我覺得她在潛意識裡重複既往的互動方式。當我問到她對這種重複的模式有何看法時，她說：「拜託，泰莉！我相信所有人都會碰到這種事情！」

其實並沒有。不是每個人都會這樣。

我先問這些死對頭讓她想到誰。她咬唇不安地說道：「我不知道。」（第一個問題：這個人讓我想起誰？）

我接著問她，與對方爭執時，是否會令她想起以前曾有類似的感受。（第二個問題：我何時曾有過類似的感受？）

最後，她對與這些宿敵互動的方式是否有熟悉之處？（第三個問題：這種互動是怎麼個熟悉法？）

最後一個問題讓她恍然大悟。

「天啊，」她回答。「她們三個都像我妹妹麗茲。我不是說她們外貌相似，而是她們每個人都以自己令人討厭的方式讓我想起她。麗茲很專橫、霸道，會爲了達到目的而不惜踐踏我。」

找到了！透過3Qs法，我們追溯珊迪過去的人際關係，找到了她目前困境的潛意識根源。

用精神治療的術語來說，珊迪的經歷就是「移情作用」，某人或某種狀況會觸發你的潛意識，而你的激烈反應是因爲以前尚未解決的類似經驗所致。珊迪現實中的經歷並非出自她的想像，其實這些在她看來控制欲強或自以爲是的女性反應，是經過她的放大強化，因爲她與妹妹麗茲的童年痛苦衝突並未解決。這是不自覺地尋求重複，只是搞錯了對象。

好比百老匯製作人在選角時，可能會婉拒某位出色的女演員參與，原因無他，就只因爲對方讓他想起可怕的前妻。或者你的霸道上司讓你想起嚴厲的爸媽，所以只要他們在你身邊，你就會畏畏縮縮。這就像不知不覺跳進情緒的時光機。你看得出這個現象會危及決策、有效溝通，以及你建立和維持健康界限的能力嗎？

既然瞭解了珊迪移情反應的原因，我們就知道諮商時該把時間和精力，放在處理、放下她與霸道妹妹童年互動的傷害。完成這個過程之後，珊迪在公司就不再與人樹敵了。

在珊迪取出她放在心靈地下室貼著「死對頭麗茲」標籤的箱子之後，只進行三次諮商，我們就不再談論同事貝蒂有多欺負人了。貝蒂還是老樣子，只是珊迪改變了。透過討論和正視姊妹之間壓抑與痛苦的經歷，她就不再需要找貝蒂當替死鬼。這個簡單明瞭的過程對你也同樣有效。

找出當前問題和過去未解決的衝突或創傷之間的關連性，可以幫助你做出更明智的選擇與決定，重點就是要傾聽自己的情緒。目前反覆上演的衝突帶給你的感受，可能反映了造成你童年陰影的情緒。經歷移情作用時，你會陷入過往充滿激烈情緒的泥沼中。我們的目標是要創造足夠的理解和內心空間，讓你能有意識地做出回應，而不是靠本能的反應，並在當下能有意識地劃定界限。

自我評估

如何使用3Qs法

3Qs法是一種經過實證有效的策略，可以迅速揭示過去對現在造成的負面影響。方法超級簡單，現在就試試看，日後需要時就能派上用場。

想想有哪種衝突，或是熟悉又討厭的情況似乎一再發生，然後問問自己：

1. 這個人或情況讓我想到誰？
2. 我何時會有這種感受？
3. 這種行為或情境對我而言又有什麼樣的熟悉感？

問完這三個問題，你就可以更深入探索移情作用，自問：當我和別人起衝突、覺得委屈，或戀情出問題時，我變成了誰（象徵性的）？對方又是誰？例如，你可能覺得自己重返十歲，你的上司可能代表你嚴格的父母。這就能進一步提高你的覺知，瞭解你潛意識懷抱（並複製）著過去的創傷，並增加你走出創傷的機會。

—正視就是療癒，與過去和好—

因爲艾希莉對自己和人生有了更清晰的認識，她在成年後頭一次不再加班。（她說：「每週只輪三天十二小時的值班，而不是工作五天，感覺就像在『度假』。」）她漸漸放下自己的限制性信念，學著看淡過往經驗所導致現今的反應和行爲模式。這個過程讓她能有意識地探索眞正的自我，建立自我價值。她開始每晚睡超過五個小時，做瑜伽、改善飲食，並享受她認爲可以洗滌心靈、有療癒效果的陶藝課。

解構、提問，最終擺脫自我設限，也深深改變她對自己的看法，她開始覺得自己值得關心。我們沒使用任何藥物就解決了她的更年期症狀。除了每週進行一次的諮商之外，艾希莉還養成每天靜坐的習慣，而且問題獲得控制很久之後，她開始每週看一次能量教練。對艾希莉而言，預防和維持就是關鍵。這個方法可能對你也適用。

數十年後，我還留著艾希莉第一次上陶藝課時爲我做的傾斜小花瓶（其實那根本就不能裝水，哈哈哈）。對我而言，這個花瓶是一種提醒，代表深入探索潛意識信念所帶來的眞正轉變。那個花瓶具體證明了一個強大的眞理，就是擺脫痛苦和持續改變的確是可能的。

身為越來越有覺知的成年人，你可以選擇自身的想法、情緒、眞相，以及眞相可以是什麼模樣。這可能是你一生最自由、最難以置信的領悟之一。淸理心靈地下室能給你更多空間播種，種植積極且有成效的思想和行為，不久之後，你的新常態會是經過你有意識的抉擇。

現在，看看你在這五個章節中的進步。如今你已經熟悉健康的界限、關懷強迫症、有效和無效的溝通、你的界限藍圖、你的限制性信念，以及如何擺脫困境，擁有許多相關知識。你也擴大了覺知，這是重大的進步。如今，界限大王之旅將聚焦說明如何更有意識地改變人生，並且更能主宰你獨一無二的精采人生。

界限大王練習

1. 初階練習：

注意自己在互動過程中，或在結束之後，何時會覺得極度受傷、憤怒、恐懼或生氣。利用這些機會採用3Qs法，發現潛在的移情反應。

2. **進階練習：怨念清單。**

揭露並正視你心裡的怨念，是重要的療癒過程。請參考第287頁的「個人教戰大補帖」，找到簡單又有效的練習，放下執念。

II

第二部

付諸行動，我的界限我說了算

第六章　3Rs策略：辨識─放下─回應

本章重點

- 一旦聽從身體智慧，你將更容易釐清什麼事情對你有用（或無效）。
- 爲了滿足你的需求，你必須願意具體說明自己究竟想要什麼，然後敞開心房對妥協、對話、談判、同意或拒絕的結果都予以接受。
- 使用3Rs策略（辨識─放下─回應）來辨識舊反應，釋放身體的症狀和移情作用，並以符合你期望結果的正念予以回應。
- 採取微小但持續的行動，表達自身需求和邊界，可以加速你的成長和轉變，縮短尷尬期的時間，更快走出不健康的界限狀態。

「我眞是受夠了！」瑪姮蕾娜在週五諮商時一屁股坐到我的沙發上大喊。

瑪姮蕾娜是三十多歲的能幹理專。她很少爲工作煩惱，所以我猜她現在的怒氣也與公事無關。她身材豐滿，常引來陌生男子對她品頭論足、上下打量——她在諮商過程中常提到這個話題。

「怎麼了？」我問。

瑪妲蕾娜歎口氣，跟我說她剛經過建築工地時，又聽到熟悉的口哨聲。「哇，辣妹！繼續用力搖妳那對馬達吧。」

「泰莉，」她搖著頭說著，顯然很激動。「我才沒用力搖！我約了人都快遲到了，正忙著趕路。爲什麼我就不能像普通人一樣過日子，不要再招惹這種日光？」

「妳這次感覺跟以前有什麼不同？爲什麼妳『受夠了』？」我問。

「我也不知道。」她回答：「我心裡好像有什麼東西突然爆發了。」

瑪妲蕾娜繼續說，當時她因爲不想再被人不懷好意地關注，竟然衝進最近的服飾店，買了一件長及膝蓋的「阿嬤款」毛衣。她與人相約的地點只在四條街外，而這次衝動購物雖然遮住她的身材，但也害她遲到。

瑪妲蕾娜很常碰到這種鳥事。我個人認爲她很美，問題是瑪妲蕾娜並不這麼想。她有個姊姊，在孩提時代一直都很瘦，表姐寄給她們姊妹倆二號的舊衣物，讓穿十二號的瑪妲蕾娜總顯得格格不入。家裡沒有人會取笑她的體型，但她很難不注意到母親在用餐時會說：「妳不是吃飽了嗎？」而且會很注意觀察瑪妲蕾娜的食量。中學時，瑪妲蕾娜因爲胸部發育較早而遭到同學嘲笑，也養成她始終想把自己隱藏起來的習慣。

瑪妲蕾娜剛來找我諮商時，堅信自己「太大隻」了。她對自己的身材感到自卑，這種觀念顯然導致她的自我價值感低落。常在街上碰到令人討厭的搭訕，更加強她認定自己絕對有問題的想法。每次聽到有人說：「嗨，辣妹！」她更覺得丟臉。之後，她又匆匆走過另一個工地，繼續低著頭趕路，胸口難受的感覺仍在，這種惡劣的心情久久無法平復。

我能理解她不喜歡路人的調情搭訕，不過我希望她明白，她可以用不同的態度面對這些時刻，更重要的是，她的內在價值和自我形象要持肯定的態度。

「一定有更好的方法！」她大聲說。

對於瑪妲蕾娜和其他沮喪到極點的人而言，確實有更好的方法可以解決。但這可不代表我們能控制別人的言行，我們通常也辦不到。然而我們可以學習以不同的方式回應，不把別人的批評放在心上。辨識—放下—回應（Recognize-Release-Respond）是三步驟的策略：學著辨識何時會出現與過去相同或不正常的反應；放下可能發生的移情作用和身體症狀；根據你想創造的結果，以正念方式回應。這種3Rs策略能幫助我們建立新的行爲模式。

在我們更詳細探索此策略之前，先討論我們的神經系統如何創造新的行為模式，以及如何利用身體智慧，獲得有關我們界限行為的重要資訊。身體智慧是辨識你是否處於或即將陷入「重蹈覆轍的界限模式」中的重要因素。

一教舊腦袋學會新把戲一

改變長久以來的行爲模式，也許會讓人擔心害怕而裹足不前。前面幾章是幫助你提高對慢性行爲背後潛意識動機的認知。但僅有覺知還不夠，只做一次改變也不夠，你必須反覆練習才有可能改變。這類行爲模式已經累積幾十年，得花點時間才能校正。但爲了達到你想要的目標，絕對值得努力。

努力重複做出健康選擇有個好理由，神經科學能解釋其中的原因。

在一九六〇年代末期之前，腦科學家認爲大腦在童年時期就已發育完全，然後到老年都會維持不變，直到認知功能不可避免地開始退化。但現在科學家認爲並非如此。五十年前，腦科學家發現了一個具有顚覆意義的眞相：大腦有可塑性和適應能力，你可以教舊腦袋學會新把戲。事實上，多虧我們的人生經歷，大腦每天都會形成神經連接

（估計高達一百兆個），而且天天都可能改變[1]。這就是所謂的神經可塑性。

透過全力以赴、堅持不懈的努力，我們可以選擇與不斷改變的大腦合作，增加靈活度和創造力，繼而大幅提升幸福感。

當我們繼續保持讓人感到沮喪、失落、憤怒和絕望的習慣和模式時，我們只是繼續陷入舊有的困境中。但事實上，我們可以不必如此。

採取有意義的行動改變自我

瑪妲蕾娜需要轉變。她再也無法忍受自己在這世上如此卑微，過著平庸且自怨自艾的生活。我猜你可能也有過類似的困境。

爲了發揮大腦可塑性的力量，首先你必須想要改變，並願意用新行動來支持這個願望。

一、靜坐

我二十多歲時，諮商師建議我學習靜坐，並解釋這個活動對神經和健康的好處。因爲我向來愛抄捷徑，便立刻參加一個週末密集課程，以爲我就能從待辦清單上刪除靜坐這個項目。但我沒想到這件事根本沒有捷徑，我花了很長的時間，才成功養成每天認真靜坐的習慣。

我發現定期靜坐，能使我延後三秒做出回應，這對我而言是項重要的突破。三秒聽起來並不多，但卻創造出我所需的內心空間，讓我能更妥善地做出回應，而不是反應。並且也少點情緒波動，多點喜悅。一旦我親自體驗到靜坐的好處，就成爲忠誠的信徒，也拿到相關的教師執照。我開始指導案主靜坐，讓大家更容易親近這個能改變人心的活動。（你可以從第289頁介紹的簡單靜坐開始練習。）

當我們進入沉思狀態，打開心扉，就更能覺察自己無法接受哪些事物，而且創造更多的心智空間。正念能幫我們放慢腳步，辨識當下正在發生的事，放下以往直覺式的反應，轉而以更有意識的方法做出回應。

---

1 作者註：「在大腦變化的時候教學：探索神經科學和創新教學之間的連結」(Teaching as Brain Changing: Exploring Connections between Neuroscience and Innovative Teaching)，作者爲Melinda T. Owens與Kimberly D. Tanner，刊載於lifescied.org網站上的CBE生命科學教育期刊（二〇一七年夏季號），資料查閱於二〇二〇年三月十四日。

自我評估

借助鬧鈴和呼吸練習正念

大多數人都長期忽視身體發出的許多訊號。如果想用心瞭解身體智慧，就要覺察你當下的感受，並且刻意傾聽。

以下簡單的正念練習可以一天練習數次，而且非常有效。

1. 在手機上設定鬧鐘（鬧鈴也不錯，但聲音要輕柔），每隔三到四小時響一次。只要聽到鬧鐘響，就有意識地暫停手邊的工作三十至六十秒。
2. 利用這三十至六十秒感覺你的情緒。閉上眼睛，深呼吸，快速從頭到腳地掃描全身。只要覺得哪裡有壓迫感或疼痛，就停下來，慢慢深呼吸。注意那個位置的感覺。然後直接把呼吸送到那裡，想像討厭的情緒隨著吐氣離開。
3. 接下來，閉上眼睛，問問身體需要什麼。然後暫停一下，傾聽答案。你越傾聽、越正視你的身體智慧，直覺就越能發揮功效。如此，你會越來越善於創造有效的內在與外在界限。

二、運用身體智慧

靜坐也能幫你更意識到自己的身體，因爲你會放慢腳步，明白你的存在並不僅限於你的思想或意識，你的大腦也不是唯一的重要資訊來源。其實身體時時刻刻都存在著智慧之光，可以幫你意識到何時不舒服或需要採取不同的策略。相信我，如果你關注身體的感受，就能獲得該做些什麼的寶貴資訊。

一旦運用身體智慧，當你從偏差轉爲健康界限模式時，它就是你的祕密武器。學會傾聽胃痛、胸悶、喉嚨痛、頭部抽痛的警訊，這些身體感覺試圖幫助你，爲你指點新的方向，證明身體是通往療癒和力量的指南針。

以下的眞實故事就是最好的證明。我的朋友琴恩是高功能關懷強迫症（HFC）和共感人(empath)，無論她在何處，最需要幫忙的人總能找到她。爲了顯得不失禮，她會傾聽對方訴說，但過程中她會覺得胃部緊繃、不舒服。因爲她未設定任何人際界限，所以承擔了過多的責任與壓力，以至於之後她不舒服的感覺有好幾個小時，甚至長達好幾天。

有個睿智的朋友爲琴恩提供簡單的認知行爲技巧。當下次琴恩再陷入這種疲勞困境時，就按照朋友的建議，將雙手放在腹部。她要提醒自己正處於不適的狀態，而且是她自己選擇留在那裡的，但她可以有其他選擇。雖然感覺會非常尷尬，但她這次決定做出改變。她說：「喔，抱歉失陪，我得走了。」這個新動作的良好效果鼓舞了琴恩，她開始常運用將手放在腹部的方法。不消幾週，她就覺得更輕鬆、更自在，也更能把心力專注於自身。多年之後，傾聽與正視身體智慧已經成爲她的習慣。

當你越瞭解自己的身體，就越清楚自己有哪些問題。在充滿壓力的情況下，我們往往很難辨識及表達眞實的感受或想法。有多少次你回想起某個狀況，事後才意識到自己應該要察覺到當時的警訊？很可能你的身體曾試圖引起你的注意，但你並未傾聽內心感受，而讓外界的事物干擾你的專注力。

我聽過許多身體不斷傳達深層訊息的故事。像是我有個案主懷疑同居的男友劈腿。後來她莫名其妙地陰道感染，妨礙他們的性生活。醫生也找不出確切原因，只好開抗生素給她，但沒有任何方法奏效。她的男友開玩笑說：「妳可能對我過敏。」她笑了，但心裡卻想著，天啊，他可能說對了。她開始傾聽並關愛自己的身體，也因此對自己的懷疑感到好奇，於是向男友直接提問，果然有重大發現，他終於承認自己與他們共同的朋友上床。在她與男友分手並搬出去後，不適的症狀在一週內就消失了。身體智慧，謝啦！（掰掰，渣男！）

當你未察覺身體智慧，就會錯過能轉變心態的重大機會。如果不傾聽身體的信號，你可能會透過安眠藥入睡，或每晚來一、兩杯睡前酒「放鬆」，抑或選擇以各種方法逃避、麻痺自己或轉移注意力。但是忽視身體的訊息會妨礙你成長，你得放慢腳步，留心這些訊號。

當你從自我批判轉爲好奇，就會更認識自己，成爲一個心態持平的觀察者。如果你墨守成規，碰上讓你焦慮不安的事件絕非偶然。你應該保持警惕，覺察事件背後的意義。

聽從身體智慧，你會更容易釐清什麼事情對你有用（或無效），這對設定界限至關緊要。你越確切瞭解自己的內在反應和回應（例如哪些互動會讓你倍感壓力），就越有能力判定哪些外在界限最合宜，或在特定情況下你需要採取哪些行動。

自我評估

學會辨識

為了好好認識自己，你必須覺察哪些互動會造成壓力反應。以下有幾個問題可以讓你在當下問問自己，藉此辨識發生什麼事情，原因又是什麼：

◆我產生什麼情緒？
◆身體的哪個部位有這種感覺？
◆是某個互動或想法引發這種感覺嗎？
◆我是否處於「重蹈覆轍的界限模式」？

例如，你的答案可能是：

◆我覺得呼吸困難、擔心、不安。
◆這種情緒出現在我的胸口、胃、頭部。
◆鮑伯請我幫他代班之後，我開始覺得呼吸困難。
◆想到和貝蒂的互動，我就開始焦慮。

這時，可以透過3Qs法知道自己有什麼樣的重蹈覆轍界限模式，這種互動對你來說又有哪些熟悉之處。

學會辨識與人互動的當下或之後不對勁的感覺，是實行3Rs策略（辨識－放下－回應）的第一步，稍後本章會教導你如何使用。當你真誠渴望能瞭解自己時，你就為改變創造了內在空間，也日益增加了轉變的機會。

—偏好、欲望和底線—

開始建立界限時，你需要瞭解偏好、欲望和底線之間的差別，以進一步釐清自己能接受什麼、不能接受什麼（以及程度的高低），也才有機會根據你認爲的眞相做出判斷。

一、偏好

一旦人有偏好，就表示喜歡甲勝過乙。例如：你喜歡咖啡還是茶？尊巴有氧還是飛輪健身？早起或晚睡？這些都是內在和個人偏好的例子，他人無權發表意見。因爲生活繁忙，許多人從來沒花時間眞正思考自己的喜好，所以完成第二章的「可接受」／「無法接受」清單是加深自我認知的重要練習。

然而，當涉及有關他人的偏好時，就需要互相溝通。例如，你可能想早睡，但另一半是夜貓子，這時你可以說：「我希望你九點和我一起就寢。」你的偏好很重要，値得進行交流和討論。學習及早以輕鬆且優雅的態度，經常表達自身的意見，才能爲你的人生奠定更滿意、更和諧的基礎。最終，你或另一半可能會建議彼此妥協，例如每週有兩晚一起早睡。

有些人會對你明確表達偏好表達感激之意，例如：「謝謝！我很高興知道你喜歡打電話聯繫，而不是用簡訊溝通。」但無論你如何謹慎措辭，有些人就是會把請求都當成要求。沒關係，親愛的。重要的是你得爲自己採取行動。

關於「要求」，我得提醒兩句。在健康且互惠的關係中，通常不適合使用要求。你可能會因爲對別人提出要求而心裡覺得很爽（「你非得陪我回娘家不可！不然走著瞧！」），但這種帶有命令意味的做法令人反感。雖然你有選擇，但你身邊的人同樣也是如此。向他人提出要求會扼殺合作和協力，而這兩者對於以健康的方式滿足需求是必要的。

表明你的偏好也是學習爲需求進行協商的一部分。這樣做能開啓雙向對話，這代表別人可能不見得會同意你的提議。很多時候，那些開始表達偏好（終於啊！）的女性被拒絕時，往往會感到沮喪。但千萬不要把遭拒當成是你自身價值（爛透了）或戀情狀況（完蛋了）的否決。這點很重要，我必須再三強調。

關係需要互相遷就，所以你才要區別什麼是你的偏好，什麼值得談判，什麼是無法協商的底線。

爲了滿足你的需求，你必須願意具體陳述你想要什麼，然後對於妥協、對話、商量、接受對方同意或拒絕敞開心房。明智地進行妥協是很重要的(尤其如果向來都是由你讓步時更是如此)。要分辨自己是爲了維持和平而妥協，還是做出對你而言是健康又公平的讓步。如果你總是在妥協中吃虧，那就不是健康或公平的行爲。

對於界限大王來說，能夠接受並尊重對方的拒絕，與捍衛自己的拒絕權利一樣重要。如果你對別人的拒絕非常敏感，以致聽到「不」後，就決定不再提出任何要求，那麼你並未真正尊重對方在關係中的存在和立場吧？對方回應的方式不可能只有一種。沒錯，如果他們同意你的觀點那很好，但也會有許多情況並非如此，這時你可能得問對方：「好，我知道了，那麼你願意做什麼呢？」或「我們可以怎麼做，讓雙方都滿足需求呢？」

二、欲望

欲望是偏好的升級版，因爲欲望揭示了我們最強烈的願望。例如，你可能希望伴侶或好朋友能理解你的心情，至少能關心你，願意試著理解你。聽到他們說你「想太多」時，你會覺得這與你熱切希望被看到、被瞭解和被聽見的期待背道而馳。如果你無法實現被理解的願望，欲望可能最終會升級成地雷。

就像你的偏好和底線一樣，你的欲望也要由你定義，而非由其他人決定。有時社會或家庭會影響我們的願望。舉例來說，我有個朋友的小女兒要結婚了，但朋友不想讓女兒舉辦隆重盛大的婚禮。於是她對女兒施壓，請她舉行小型儀式。此外，她還說服長女參加「白紗行動」，然後一起對準新娘說道：「我們眞的認爲妳只要在親朋好友面前許下婚誓就好。」幸好新娘清楚表明不願聽話照做。後來我收到一張明信片，上面是兩位堅持自我的新人，在拉斯維加斯舉辦的婚禮照片，主婚人扮成貓王。我看著他倆笑容燦爛，明信片上面印著「但願你也能來參加」的字句，內心一陣竊喜。

有時，如果我們是高敏感或高功能關懷強迫症者，只要覺得自己追求（甚至表達）的欲望會傷害我們在乎的人，或引發他們的批判或怒火，我們就會壓抑自己的欲望。對共感人而言更是如此。也許在孩提時期，你已經習慣感知父母隱而不宣的反對。無論你過往或現在有何經歷，如今釐清自身的欲望就是自我尊重的表現。

三、底線

底線是沒有商量餘地的最後防線。因爲你設定的外在界限是由你的內心偏好所主宰，因此每個人都各有不同程度的底線。唯有你知道自己有何地雷，所以親朋好友不理解你的底線也無所謂。

例如我曾與某任男友交往多年，在許多方面都相處融洽，只有一件大事除外：他很宅，但我希望另一半能更活躍。他窩在沙發看電視的生活方式，不符合我想與伴侶共享運動愛好的願望。當然，我也可以和朋友一起去健行，或獨自上健身房，但這不是重點。我記得我跟朋友提過，她說：「但是你們看起來很幸福耶，妳就不能不要執著在這件事上面嗎？」事實是，也許她辦得到，但我知道我不行，於是這個原因導致我們分手。對某些人而言，底線可能是政治傾向或生活願景，例如是否要結婚生子等。

當然，底線還有更戲劇化的例子，如不忠、背叛、成癮或虐待。尤其在這些高風險狀況下，瞭解你與他人不同的底線至關緊要。有些案主自以爲絕不會考慮和酒鬼或花心大蘿蔔交往，直到發現另一半就是這種人，這時很容易就會合理化或原諒這種行爲。

其實，底線純粹就是你的事，你不需要別人認可，這是你的選擇，更重要的是，這是你的人生。所以釐清什麼事情絕對「不行」，你會更清楚什麼要保留，什麼該放棄。爲了幫助你瞭解自己的偏好、欲望和底線，請見第298頁。

如果不說眞心話，我們就會活在自己腦袋的眞空狀態，揣測對方的想法，認爲他們應該知道我們的心聲。爲了有自信地表達自己，現在就來探索3R策略（辨識—放下—回應）。

使用3Rs策略

學習運用「辨識—放下—回應」策略，有助於你處理衝突、有自信地表達自己，並且建立新的神經路徑重新開機。

一、辨識

什麼是你的大忌？你的身體感受如何？你是否因此想起某件往事，所以身體才有這種感受？專注於你和你的情緒，不要批判或指責別人，這是爲了讓你更認識自己，瞭解什麼事情對你有益（或有害）。傾聽身體可以讓你對自己的體驗感到好奇，也可以改變你既往的做法，如此才有機會做出更好的選擇。

二、放下

勇敢踏出舒適圈。找到身體有特別感受的位置，深呼吸，直到那種感覺膨脹，再釋放那些感受。

放下熟悉的事物，無論是限制性的信念或固有模式。辨識任何移情作用或重蹈覆轍的界限模式。記住，現在已不是過去。告訴自己，「那只是陳年往事」。然後放下它，這樣你會更深思熟慮，並制訂更好的計畫。

三、回應

選擇從更具正念和更有意識的心態出發。提出簡單的請求，表達你的偏好、欲望或底線。採取不一樣的行動。

現在你已經明白建立新行爲模式的重要性，以及究竟該如何做。我們且看3R策略如何幫助瑪妲蕾娜擺脫她不喜歡關注所帶來的羞恥感。

在瑪妲蕾娜內心深處，她覺得本來就不值得被尊重。如果你和她一樣有根深柢固的信念，你的潛意識會一直在周遭搜尋證據來支持你的看法。我總說，潛意識是一個人最佳的行政助理（「老闆，你看，你說的沒錯，他們就是在取笑你。」）。爲了消除這種讓人失去自信的訊息，瑪妲蕾娜首先透過身體智慧辨識問題是出在自己身上，這就是改變無用習慣的開始。

身體智慧告訴她的第一條線索，是當她走在路上時會感到胸口有壓迫感。透過定期的靜坐練習，她變得更加專注，並且開始注意本能直覺。結果，她發現自己在聽到街上男人對她說話之前就會先感到焦慮。誠然，在經過不愉快的互動後，她感受到的焦慮也倍增，但察覺自己在互動前就已有這些情緒是很有意義的。因爲她能對不喜歡的關注先做好防備，而這種預防性心態對她的生活產生了很大的影響。

瑪妲蕾娜開始探索爲何她不愛自己的身體，以及所有伴隨對於身體感到羞恥的想法和情緒。雖然她並不認識調戲她的路人，但其實這是界限問題。許多人以爲界限是爲了預防他人對自己做出不受歡迎的行爲，就某種程度而言這樣說的確沒錯，但更重要的是，界限可以保護你內心的神聖空間。

瑪妲蕾娜無法控制別人對她的調戲與訕笑，但她可以改變自己的內在對話，繼而保護自己，不讓那些不受歡迎的行爲影響她的情緒和自尊。正如我們在第五章所學到的，我們絕對可以掌控自己的故事該如何進行（無論是有意識或無意識）。而我們的內在現實、自我概念和自我認知都是由這個故事決定。瑪妲蕾娜認定自己不夠好的故事是她能改變的。

瑪妲蕾娜在我的診間，開始眞正接受並關愛自己的身體。她體驗了身體能讓她享受人生美好事物和活動的許多方式，她跳騷莎舞，品嘗她最愛的迷迭香烤雞和奶香焗烤馬鈴薯，並欣賞自然美景。如果沒有這副身軀，以上每件事她都無法做到。透過更愛自己，瑪妲蕾娜擺脫了她的負面想法，打開心房，有了更平靜、更能提高自信的體驗。她開始明白，她的幸福取決於自身的想法，而非別人做了什麼或沒做什麼。

在改變回應之際，瑪妲蕾娜選擇講述一個新的故事。下次當她聽到男人說：「哇，妹子，妳好性感！」時，她會微笑以對，並同樣肯定自己：沒錯，我確實有健康、豐腴又美麗的身材。仍是同樣的臀部、同一條街道、同樣輕佻的工人，但她卻有了全新的體會。

唯一改變的是她的心態，她因此能以更放鬆且開放的方式來看待事情。第一次這麼做時對她產生了極大的影響。關於她身材的新版故事更正面，更能激發她的熱情，久而久之，她走在街上也開始充滿自信。

改變觀念對她人生的其他層面也產生深遠的連鎖效應。她工作更主動，並決定嘗試約會。在我的診間，我能看到她的態度有明顯的轉變。她抬頭挺胸地坐著，散發出自信和活力。瑪妲蕾娜終於明白自己本來就很棒，這都歸功於她決定付出努力，學習更善待自己。

雖然瑪妲蕾娜的界限問題無關親友或同事，但同樣的原則也適用於與我們有親密互動的人。好比某個女性的另一半，長久以來都要雙方共同參與她不喜歡的計畫，她也可以使用同樣的三步驟策略：

一、**辨識**她此刻的實際感受，利用這個訊息作爲提示，以打斷她的內建反應。（生悶氣，或感到厭惡。）

二、**放下**任何基於過往或被制約的舊指控。（我覺得就像在我父親／姐姐／教練面前一樣被忽視，但我不必讓過去影響現在。）

三、用簡單的請求**回應**，懇請另一半先問過她，再購買「豪華超級盃旅遊套票」作爲十五周年的結婚紀念禮物。（我喜歡一起做些特別活動慶祝結婚紀念日，但我想提出簡單的請求，就是我們一起討論該如何慶祝。）

許多人往往會爲例行互動或日常經歷賦予負面的意義，那些闡述會主宰我們的情緒反應，繼而影響我們。記住，「眞相」是主觀的，而你如何看待才是關鍵。

一過渡期的陣痛與希望一

你現在正處於界限大王之旅的關鍵時刻。使用間接、迴避或其他無效溝通的方式，在過去可能是你熟悉的模式，但現在我們要用更寬廣的角度，全面而深入地思考問題。雖然固有思維可能已牢牢建立在你的神經迴路中，但那其實對你沒有好處。現在你已經學會許多新知，不可能再使用以往的防禦機制和注定失敗的策略。然而，你尚未完全掌握新技能，我稱這種轉型的階段爲「過渡期」。

你花費好大的功夫來到心靈地下室，打開探照燈。你無法對你發現的東西視而不見，也回不去以前的生活方式了。而且相信我，你不會想退回原點的。

過渡期可能會出現阻力。沒錯，阻力就像打地鼠，直到這些新行爲能更完美地融入你的生活中。這是很正常的。新事物往往會令人感覺非常不舒服。（所以才會產生阻力！）這時正是你鍛鍊設限技巧的好時機。切記，你比你想像中更強大。

爲了順利度過過渡期，你可以找你不是太重視的人練習新技能。想當然耳，你沒那麼在乎一年只見幾次的點頭之交或郵差。當你每次看到前房客的郵件又被塞進狹小的信箱裡，與其暗自不爽，希望郵差菲利普能看懂你的暗示，不如直接提出請求。「我想請你注意一下／提出簡單的請求／麻煩你留意。」（以免你大叫：「菲利普，桑德拉·金卡洛已經搬走五年了！你怎麼會不知道?!」）先從風險較小、互動影響較少、優先順序較低的人開始。

找機會表達自己是縮短過渡期的有效方法。對你更在乎的人則要採取小幅度的改變。告訴另一半，你喜歡吃辣雞翅，而不是每次都陪他們吃清淡食物。（你瞭解身邊的人的細微偏好，遠勝於他們對你的瞭解。）你還有許多機會，可以擴大你在這世上本應占有的空間，而且每次這樣做就是在強化一個眞理，那就是：你很重要。

逐步承認自己的進步將帶給你希望，幫助你強化韌性，儲備必要的堅持和熱忱。過程中你一定會碰到挑戰，或許你會想放棄，但你要知道，終究有那麼一天，你不必投入太多精力和思考，就會展現新常態。

老實說，親愛的：你的舒適圈是個牢籠，現在該跨出來了，因爲你眞正想要的事物都在圈圈外。我們正在擴張你的感知，接著就是改變行爲，直到這種新生活模式成爲新的神經迴路和你的新常態。我眞爲你感到開心！

界限大王練習

1. **初階練習：**
注意你身體的提示。一天下來，別忘了問自己：「我現在需要什麼？我是不是餓了、渴了、累了？我需要伸展或動一動嗎？」然後花點時間滿足自己的需求。

2. **進階練習：瞭解你的偏好、欲望和底線。**
瞭解自己是鍛鍊界限大王技巧的基礎。為了加深你的自我瞭解，請翻閱第298頁的「個人教戰大補帖」，深入瞭解你的偏好、欲望和底線。

3. **高階練習：創造個性化的肯定語。**
創造你能得到共鳴的自我喊話，是激發轉變的強效方法。（也很有趣！）同樣也請參閱第298頁的「個人教戰大補帖」，找到循序漸進的指導原則。

第七章

從消極反應，到積極出擊——打造「逆勢出擊計畫」

本章重點

- 害怕改變時，往往會因循固有的熟悉行爲，即使這樣做仍無法讓我們得到想要的結果。
- 內在界限是基於眞正的自我認知，它決定你允許自己在內心體驗和感受的範圍，也直接反映出你與自己關係的健康程度。
- 自我放棄是內在界限被破壞的主要症狀之一。
- 有了健康的內在界限，你就可以相信自己能說到做到，內心也會感到平靜，因爲你知道自己可以照顧自己。
- 當你在既有關係中改變界限互動模式時，可能會遇到對方使出「走回頭路」的手段。這是對方在潛意識中抗拒改變，希望能維持現狀所致。

- 因爲我們只能控制自己，所以我們的目標是堅決表達我們想要的界限。對方的反應將揭示他們願意或有能力做什麼。
- 逆勢出擊計畫能讓你預見既有關係中的各種情況，並改變你與「界限小白」或「界限慣犯」的互動。
- 言行一致很重要。說到做不到，你的界限就無效。

瑪麗亞來找我諮商，因爲她成年後的體重就始終超標五十至八十磅（二十三到三十六公斤），已經開始危害她的健康。她試過各種方法，似乎都無法在減重後繼續維持，她認爲自己根本就是在做白工。

「我的身體很痛，而且覺得好累。雖然我很愛先生，但我覺得他其實希望我保持現狀，並不想要我瘦下來。」她羞愧地低頭承認。

我佩服她有勇氣這樣說，這也是第一次看到我們該從哪裡著手解決問題。

瑪麗亞與葛斯結婚二十年，她是企業家媽媽，在家照顧兩個孩子克萊奧和迪米崔斯，同時也建立了成功的美容事業，銷售純素的護膚保養品和營養品。她說自己的婚姻生活幸福快樂，夫妻間也相互支持。他們兩人共同養育孩子，也很自然地都把孩子和家庭生活放在第一位。他們喜歡一起去聽音樂會，與彼此的家人和朋友歡度美好時光，例如參加夏季烤肉活動、讀書會和熱鬧有趣的晚宴。瑪麗亞說，除了充分參與家庭和社交生活，葛斯也是有耐心又細心的傾聽者。他們似乎過得很快樂。

當我請她詳細說明她的問題時，她承認，葛斯在她努力減肥初期都會鼓勵她、支持她，直到大約第三、第四週。（我心想，她還會注意到，很不賴嘛！）只要她減了幾磅，她就覺得他的態度和行為有異。例如葛斯會烤她最愛的奶酥蛋糕，並告訴她「對自己好一點又不會死」，或者預訂全家最愛的義大利餐廳，聲稱要好好「慶祝」。

我們又進一步探討。當瑪麗亞說她想每天步行二十分鐘，葛斯不但不表示支持，還建議先一起看完網飛的影片，或承諾隔天再陪她一起步行，但後來卻都食言。

因爲葛斯平常都很支持妻子，我的結論就是，這些搗亂行爲可能顯示他潛意識對瑪麗亞減重後的可能性感到不安。

我們的任務是更徹底瞭解瑪麗亞和葛斯目前的互動模式，包括造成這種狀況背後的心理動機，鼓勵瑪麗亞創造並表達健康界限的請求。唯有如此，她才能保護健康減重的目標，有意識地與葛斯進行溝通，並成功改變夫妻之間的界限互動。

—心照不宣的界限約定—

從瑪麗亞的描述聽來，她和葛斯已經有默契，兩人會避免衝突、壓抑自身可能威脅到婚姻的人格特質，並努力討好對方。這些聽起來很熟悉嗎？

也許你也有過類似經歷。對於另一半或密友不願直接討論可能會令情緒激動的問題，你就默默接受。你總是逃避問題，避免正面處理。在家庭中則可能是以另一種心照不宣的界限約定方式出現，或許你有個跋扈的父母或手足，他們試圖用金錢或主動提出的建議暗中控制你。你不喜歡受人擺布，但你卻不說出來，只是點頭微笑，內心其實充滿了怨氣。

就像我們的界限藍圖一樣，這些默契協議經常未被認真檢視或討論，可能具有強大的殺傷力。當這些界限約定生效時，你可能會覺得無法表達自己的意見。但現在你已經意識到，你永遠有選擇的權利。

瑪麗亞完全不知道她的婚姻中存在著一個心照不宣的界限協議問題，但我倒是看得很清楚，他們兩人都對改變已經建立的界限互動有所顧慮，尤其整體看來，他們的婚姻關係頗美滿。對所有人而言，建立「逆勢出擊計畫」的第一道障礙，就是害怕改變。

然而我們唯一能指望的就是改變。我的朋友，也是冥想與正念專家大衛吉(Davidji)說，改變就像呼吸。改變不是過程的一部分，它就是過程[2]。對於人生變化的起伏，無條件地接受可能會產生深刻的解放感。有意識地決定接受未知，確實能帶來重大改變。你可以學會擁抱未知，那裡蘊含著人生無限的可能。

對許多人而言，瞭解這個理論是一回事，但在不斷變化的環境中能保持內心的平靜和安寧，尤其還要建立個人邊界，那又是另一回事。

正如我們在第三章所討論，人類天生就畏懼改變。即使我們不再像先人一樣得面對生命威脅，但仍會感到害怕。一旦遭到這種深遠的原始恐懼箝制，就難以擺脫。幸好現在你的界限大王工具箱裡已有3Rs策略（辨識—放下—回應），能幫助你暫停任何內建的生理反應，以更理智的方式應對各種會引起焦慮的狀況。

你得隨身攜帶3Rs策略。在你鍛鍊技巧、拓展對個人邊界的認知之際，可能會再次碰到障礙。也許你害怕成功（變得更健康會失去以前熟悉的不健康模式所帶來的安心感），或害怕失敗（變得更健康可能比以前更容易遭到拒絕、更不安，或更覺得不完美）。

對成功和失敗的恐懼就像硬幣的正反兩面，而那枚硬幣就是「改變」。當你一層層剝開焦慮的洋蔥時，你會發現，害怕改變其實就是害怕失去。我們會因而失去熟悉的事物，進入未知的世界。但隨著心態轉變，我們可以體驗到，改變其實是令人振奮的，它並不可怕。

爲了幫助你克服在改變既有界限互動可能產生的恐懼，我將引導你逐步了解從消極反應到積極出擊的界限計畫。一旦你明白該如何執行之後，可能依然會害怕，但它不會再阻止你勇於行動或說出眞心話。

這個循序漸進的過程將幫助你盡早發現界限衝突，改變間接溝通的習慣，並能有自信地堅持自己的主張。想要成功，你必須清楚自己的偏好、欲望和底線，就像在上一章所做的那樣，知道（或預計）你和誰打交道。還要想一想，你想在生活的各個領域建立怎樣的關係。

假設同事鮑伯總是在下班時間打視訊電話給你，但你很不喜歡這樣。如果你只是消極被動地面對界限問題，比如以說話簡短且不耐煩、對他不客氣（例如翻白眼）等行爲暗示他，你希望他看到你顯然不高興，就會不再打來，但他不識相，沒注意到你的感

2 作者註：「改變是呼吸靜坐慈悲時刻」（Change Is Breath Meditation Metta Moment），作者是大衛吉，二〇一九年十一月五日刊載於davidji.com，資料查閱於二〇二〇年四月。

受。這種重複的互動方式很快就會令你厭煩。

你需要控制鮑伯，而不是希望他能看懂你的暗示，制定積極出擊的計畫可以幫上忙。因爲新的行動和反應通常會面臨阻力，鮑伯肯定會不高興你設定「僅限上班時間才能連絡」的條件。這當然可以理解。不過更重要的是，你對於任何改變會感到不舒服，就表示你和鮑伯存在著未明說的界限約定。如果你沒直接說出「別再這樣了，鮑伯」，就是同意他越界。

逆勢出擊計畫和透明的協議在任何關係中都至關緊要，包括同事之間、企業家與客戶或合作夥伴之間。這些計畫和約定能確立你的期望，幫助你避免進一步的衝突，並更有機會建立健康而有成效的關係。

這裡有個關鍵。無論哪種人際關係帶給你困擾，你都有責任面對內心的恐懼，改變心照不宣的約定。你要創造積極主動出擊的計畫，要做到這點，你必須先審視自身的內在界限，這種界限直接反映出你與自己關係的健康程度。

自我評估

建立清楚的約定

未曾明說的默契協議，是人際關係中心照不宣的交往規則。揣測他人的心意是導致這些協議產生的原因。花點時間思考以下的問題，想想你可能做了哪些揣測，妨礙了真心交流：

◆當你真正希望別人為你做某件事時，是否會認為他們應該有此直覺、理解，或就是該知道，因為這對你而言是顯而易見的？

◆你是否會默默忍受別人的冒犯，並告訴自己對方不是故意的？

◆你是否認為你大費周章地張羅了朋友的生日，日後當你自己過生日時，他們也會做同樣的事回報你？

◆你是否會認為：「我沒必要告訴她」，或「他現在應該已經知道了吧？」

辨識你可能存在的假設如何影響你清晰溝通的能力，就是創造明確且透明界限的第一步。

內在界限：你如何對待自己

如果外在界限是你告知別人你將如何（或不如何）與對方互動，內在界限則決定你如何與自己互動。

在瑪麗亞與葛斯建立逆勢出擊的計畫之前，我們需要清楚理解她的內在界限，也就是她允許自己體驗的經歷和感受。我發覺她的內在界限可以更健康，這樣她就能更容易地拒絕那塊該死的奶酥蛋糕，只需輕鬆地說：「親愛的，不用了，多謝。」

擁有強大的內在界限需要瞭解自己，並且有能力貫徹你對自己的承諾（所以第二章才要先介紹「可接受」／「無法接受」清單；如果你當時跳過，現在就回去做）。例如你可能會說你要養成健康的新習慣，每週去練瑜伽，但幾週後，你就蹺課了，因爲社群媒體／朋友／你的沙發害你分心。

嘿，你只是凡人，不需要十全十美，但如果你對自己許下承諾，又不堅持到底（或無法爲了改善自己而延遲享樂），就是自我放棄。

自我放棄是破壞內在界限的主要症狀之一，會妨礙你做出健康的選擇。如果你持續放棄自己，你的目標永遠離你有三步之遙。

健康的內在界限非常珍貴。有了這些界限，就能相信自己一定能說到做到。你內心會感到平靜，因爲你知道自己能照顧好自己。例如爲了堅持上瑜伽課，請母親延後一小時再來。這裡牽涉到兩種界限：不取消瑜伽課是你遵守對自己承諾的內在界限；外在界限則是麻煩母親晚一小時再來。或者當你想追求更踏實的戀情時，會拒絕前男友只當炮友的提議。你頭腦淸晰，對結果與你預期相悖的事情就說「多謝，不用」。因爲你更重視自己的眞實感受，而不是擔心別人對你提出的限制會有何反應。健康的內在界限會賦予你力量，採取行動，並做出與內心一致的決定，無論那是關乎個人利益或人際關係。

這個概念聽起來很簡單，但對許多人而言，卻極具挑戰性。

爲什麼？或許你會這樣問。

看到這裡，你發現我們對界限健康的標準來自原生家庭，應該也不會太意外。如果你在童年時經歷了讓你失去信任的事件，或者你的界限遭到侵犯，如今你的內在界限可能會不穩定。你遭到父母一方或雙方背叛、忽略、不公對待、虐待，會導致你內在界限混亂，並持續至成年。

內在界限不健康，你可能輕易就受到別人的欲望和期待所影響（例如不斷和瘋狂酗酒的朋友一起牛飲，儘管你答應自己要戒酒）。可能會開始上課、接受培訓或進行某些計畫，但在完成之前就找理由退出。或是一再對另一半／閨密／好友承諾，會積極上進或停止某個不良的行爲，但最終卻食言。又或別人做出不合宜的舉動，或嚴重越界時，你並未直接表達。

自我評估

信守你對自己的承諾

現在快速盤點你沒對自己信守的承諾。透過這次評估提高覺知，幫助你更持之以恆地為自己努力。

- ◆你是否為自己找藉口？
- ◆你是否使用不精確的語言？比如你說十分鐘，實際上卻是指一小時？
- ◆你是否過度承諾？
- ◆你是否宣稱你會改掉不健康的習慣，卻沒堅持下去？
- ◆你是否容易受到別人的意見、想法、判斷或批評所動搖？
- ◆你是否優柔寡斷？

◆你是否經常設定目標，卻在幾週後就放棄？

◆如果知道別人不贊成或不同意，你是否就很難說出你認定的真相？

如果上述問題有一半的答案是肯定的，你就需要加強內在界限，請堅持下去！你要為自己挺身而出，因為你很重要。

改變這些模式需要時間，但成功的第一要素是千萬不要自我放棄。放慢腳步，用正念和靜坐創造更多的內在空間（如第六章所討論的），幫助你察覺自己是否又將重蹈覆轍。那一刻就是你的轉捩點，是你的岔路，你可以重拾舊習，也可以做出不同的選擇。加強內在界限時，這些面對選擇的時刻都很關鍵。即使你知道無法得到想要的結果，仍會走老路，還是會刻意選擇更加肯定自己的新行動？著眼於大局，專注踩穩每一步，每次選擇新的行動都值得慶祝。

瑪麗亞和許多人一樣，她與自我的衝突反映出被破壞的內在界限。我能理解她爲何如此糾結。保持熟悉的界限互動不僅讓她覺得舒適，她也知道葛斯做奶酥蛋糕，請她吃義大利菜，向來就是他表達愛意的方式。但吃奶酥蛋糕和四季披薩（哪種菜會需要用到四種乳酪啊？）並不符合她減重與改善健康的終極目標。那麼這些舉動眞的是愛她嗎？事實上並不是。她有責任告訴他這點。

我們接下來得讓瑪麗亞更堅定地追求健康，不要每次碰到葛斯拿出麵粉就放棄自己。她希望葛斯陪她走向健康之路，畢竟他在其他方面也是她的夥伴。

著眼於大局，瑪麗亞才不會每次屈服於誘惑時就譴責自己。她開始提醒自己，循序漸進才是眞正改變夫妻界限互動的方式。當她想說「不」，卻還說「好」時，能藉此探索內心的感受。自我放棄是什麼感覺？她能否辨識這些情緒和感受就是提醒她的信號？她能不能暫停一會兒，選擇更健康的行爲？一旦瑪麗亞意識到自己可以加強內在界限，就覺得更有希望能與葛斯一起改變。

走回頭路手段

葛斯起初同意支持她，後來又扯後腿，這就是典型的走回頭路手段[3]。這種方式消極而且幾乎出自潛意識，是爲了抵制改變，希望恢復原狀。瑪麗亞追求健康的舉動顚覆他們既有的互動模式，葛斯的行爲傳達了一個明確的訊息：我不喜歡妳狂熱追求健康，瑪麗亞。

在不同的狀況下，走回頭路手段可能伴隨著某些話，例如：「妳吃素的行為太極端了，我擔心妳會生病。」或「心理治療改變了妳。妳不再是當初我愛上的那個快樂／性感／親切的女人了。」

無論用言語或行為使出此法，目的都一樣：為了讓設定界限、明確表達希望改變的人產生動搖。如果是你看到對方要出這招，要知道他這個行為可能不是出自惡意。走回頭路手段也許令人不安，但值得你克服不適的心情，瞭解阻力背後更深層的動機。平靜地堅持自己的立場，可以獲得更強大的力量和更深入的親密關係。

瑪麗亞知道葛斯為人正派，不會故意扯她後腿。所以她不會對他說「花惹發，葛斯？我知道你做奶酥蛋糕是玩什麼把戲！」相反地，瑪麗亞想瞭解葛斯為何會不自覺地希望她不要改變。

最有可能的原因是葛斯害怕失去她。如果她減重後改變甚多，以致對他失去興趣呢？他認識的那個女人始終都超重五十至八十磅，如果更健康的瑪麗亞想換個改良版的

---

3 作者註：「對付扯後腿」(Coping With Countermoves)，作者為海瑞亞．勒納，二〇一〇年十二月二十日刊載於psychology-today.com，資料查閱於二〇二〇年四月。

伴侶呢？

創造新互動的進階練習

先瞭解葛斯正使出明顯的（儘管是無意識地）走回頭路手段，是個好的開始。知道葛斯的行爲可能是出自恐懼而非惡意，有助於瑪麗亞制定逆勢出擊計畫。但我們仍得進一步探索瑪麗亞的過去，她在這種不健康的互動中扮演什麼角色？畢竟，瑪麗亞本人放任葛斯的潛意識恐懼影響她的健康。就如同許多糟糕的界限互動，沒有人會是贏家。

瑪麗亞的原生家庭有極強的防衛心，家人對批評都很敏感，也缺乏公開討論問題的技巧。他們不願溝通，而是懷恨在心，或用冷嘲熱諷的方式消極抵抗，以表達不滿。所以瑪麗亞成年之後極度順從，以避免衝突，這也影響了她與葛斯交流的能力。

你在童年時受到的待遇和所看到的行爲模式，決定你成年之後如何應對你意識到的批評。如果父母會因爲你的錯誤嚴厲懲罰你，或經常羞辱你，你可能已經對負面回饋形成根深柢固的反應，例如以逃避或否認作爲保護機制。當有人向你表達憤怒、沮喪或失望時，自我保護的本能就會引發防禦心。童年時期的適應行爲[4]（例如優先考慮暴躁父母的需求）在成年後成爲親密關係的主要障礙。這種行爲會阻絕眞實、互惠的分享，為無謂的衝突埋下伏筆。這不就是兩敗俱傷嗎？

自幼以來，瑪麗亞的家人之間的關係就很親密，幾乎沒有個人隱私。這個家庭有個默契，就是大家會避而不談尖銳的話題，人人都壓抑著各種情緒，再用食物麻痺這些感受。例如瑪麗亞對母親感到不滿時，母女不把話說開，母親反而做她最愛的奶酥蛋糕。（沒錯，葛斯就是從丈母娘那裡學來一模一樣的食譜。）瑪麗亞記得母親站在她身邊說：「吃吧！妳的心情會好一點。」

瑪麗亞沒學會識別情緒、界限，並且有效溝通，而是利用甜食和其他舒心食物壓抑自身的感受。吃甜點是一種自我安慰的方式，她母親就是這麼做的，當她心情低落時也會吃甜食。看到現在（不正視自身情緒）和過去（用食物逃避感受）之間的關連性，瑪麗亞才能改變她與葛斯的界限互動。

此外還要考量文化背景。瑪麗亞和葛斯都來自希臘大家庭，對他們而言，給予對方食物就是表達愛與關懷的方式。因此，瑪麗亞若拒絕葛斯的食物，她擔心他會受傷。一想到會害他痛苦，她就無法忍受。雖然外界都認為瑪麗亞積極、樂觀、無憂無

4 adaptive behavior，個體在其生活環境中滿足各種自然要求和社會要求的行為。

慮，但其實她極度缺乏安全感，需要別人的認同，這又進一步阻礙她對葛斯或其他人劃定有效界限的能力。她需要明白，當她說出需求時，別人的反應，包括葛斯在內，都不是她的責任。那不該是她擔心的事。她的責任是瞭解、陳述，並爲自己的需求進行協商。

在蒐集到實際的資料之後，我們開始打造她的逆勢出擊計畫。我們希望她能掌握自己的幸福，並簡明地表達單純的請求：就是葛斯在言行方面都要支持她的健康生活方式。（「少來奶酥蛋糕那套了，老公！」）她也會向他保證，無論體重是重或輕，她都會對婚姻忠貞不二。

界限小白和界限慣犯

在把界限理論套用到你的現實生活之前，需要先瞭解我們可能會面對的兩種人：葛斯這類界限小白，以及界限慣犯。

界限小白是指你從未用言語明確向對方表達界限請求的人。對方可能是同事，他以爲向你請教他的婚姻衝突沒什麼大不了的（儘管你不是諮商師，也不是他的麻吉）。又或者對方可能是你的姊妹，她總是問都不問就借走你最愛的小禮服。你可能暗中認爲這些人是目中無人、占你便宜的界限惡霸。但也可能有其他緣由。他們可能是無知或白目，看不懂你含蓄的暗示，或許他們拒絕面對他們不喜歡的現實，又或者他們覺得你不說破就是默許。無論是哪種界限互動，你都還沒給他們改變的機會。要改變他們的行為，你必須清楚而冷靜地提出簡單的界限請求。他們對你的請求的反應，將提供你寶貴的資料，能藉此理解他們真正的想法和感受。

界限慣犯就不一樣了。你已經對他們說明，他們卻繼續跨過你明確劃定的界限。他們會辯稱自己不知情、選擇性失憶，甚至試圖說服你放棄自己的界限。想一想：你討厭另一半那一大票後宮嬪妃似的前女友，他卻反駁說你的不安全感才是問題所在。或者某個不體貼的同事，一如往常讓你等了十五分鐘之久，然後說：「我剛剛順路去了趟百貨公司，謝謝你等我。」儘管你已特別要求對方在更改時間前要提前通知。面對這些界限慣犯，你得在界限請求中加入具體的後果，我們將在之後的「後果的力量」討論這個問題。

我們很容易對屢教不改的界限慣犯感到沮喪，尤其當你的心靈地下室若還有尚未處理的童年創傷時更是如此。深呼吸，冷靜下來。這個人可能是「界限破壞王」，沒有興趣也沒有能力考量你的真實情緒（我們將在第十章介紹這個概念）。除非你先在界限請求中加入後果的說明，並且貫徹執行，否則你無法知道對方究竟屬於哪種類型。

無論面對的是界限小白或界限慣犯，你的任務都是關切自己的情緒和目標。切記，當你在界限互動中加入新舞步時，舞伴一定會注意到。有人會對新規則表示感激，有人則不會。不要因爲害怕別人的反應，就改變自己的決定。這一點對你能否成功至關緊要。

許多人，尤其是高功能關懷強迫症患者和共感人，已經習慣凡事以他人爲中心。劃定界限有個最大的障礙，就是對「遭到拒絕」這件事過度敏感。在表達你的偏好、欲望和底線時，要知道對方的抵制或反應是他們的事，也就是那是他們的責任。你只要把注意力放在自己身上。儘管你可能想了解對方正在想什麼，但這樣做無法讓你實現提高自信的長期目標（更不用說他們的心理健康絕對是他們的事情）。

準備好面對反彈是明智之舉。你可以處理得當，不要因爲對方的反應（無論是口頭上或是其他方式）就輕易放棄。堅持到底，要有信心。切記，變化是逐步發生的。一次走一步就對了。一次改變一點點，設立界限技巧將會在未來讓你更幸福。

—制定逆勢出擊計畫—

逆勢出擊計畫是根據你獨特的過去、生活經驗和天生的界限風格所制定。你可以根據每段特定的關係，或者對方是界限小白或界限慣犯，打造不同的計畫。你可能還得考慮何時是與對方談話的最佳時機。好比你知道上司在午餐前都很暴躁，那就等用餐後再和他（她）談論請假的事。

現在看看制定計畫的步驟。

第一步：具體陳述界限

清楚表達你想要的界限。僅僅希望事情改變還不夠，如果你希望另一半能更「敏感」，能對自己更體貼、關心，就要挑戰自己表達得更具體些。也許你真正想要的是具體的認同。

舉例而言，與其向伴侶抱怨你們都得「更審慎處理金錢問題」，不如具體要求，彼此都不能在未徵求對方的同意下，就自作主張買超過五百塊的東西。

把要求具體化可提高你被理解與被滿足的可能性，所以你得在心裡具體釐清自己到底想要什麼。

第二步：時時反省

審視自己是否還有任何潛意識的經歷會引起情緒波動，並助長不良界限。使用第五章的3Qs法，問問自己：這個人讓我想起誰？我何時曾有這種感覺？我們之間這種互動如何讓我感到熟悉？

3Qs法可以迅速讓你明白自己是否有移情反應，以致影響你看清狀況。讓無意識變得有意識，就可以根據當下的事實提出界限請求，不致被過往未撫平的創傷所蒙蔽。

第三步：預想成功

想像你希望如何進行界限對話的方式。關鍵是要走出恐懼，專注於積極面。被人看到和聽見是很棒的事，有勇氣讓人認識眞正的自己也是很美好的。

在腦中演練（visualization）是經得起考驗的方法，頂尖運動員就是用此法精進表現成果。這種心理準備在內心和外界創造了能成功提出界限請求的最佳條件。因爲我們無法控制別人的行爲，但能控制自己，所以我們的目標就是明確表達我們想要的界限。

對方的反應將揭露他們願意或能夠做什麼。假設對方不肯妥協，對你的感受漠不關心，或者因爲你敢於堅持自己的主張而感到不滿，你有機會做出得體回應，或許也可以重新思考這段關係。

你的情緒和期望對你想要的結果會有強大的影響。無論是成功劃定界限或其他事物，要達到你想要的目標，祕訣就是在腦中演練，感受成功的感覺。在腦中演練時要動用視覺、嗅覺、味覺、觸覺和聽覺等五感知覺。

第四步：採用直接的言語

用明確、直接和得體的言語撰寫腳本。情況會各不相同，但總之目標是傳達你的偏好、願望、請求或限制，有時還包括你的底線。

例如你可以說，「我想提出簡單的請求，就是你還車時，要把油加滿，而不是把油用光光。」或「我想請你注意，今天開家庭會議時，你不斷發簡訊，很讓我分心。我想麻煩你下週開會時遵守我們商定的規則，把手機留在房間裡。」

提出請求或設定界限時，不必說明背景訊息（解釋你爲何分心會模糊焦點）。然而在某些情況下，額外的資訊可以幫助對方更理解你的立場（希望遵守協定，並讓每個人都專心開會)。

請注意,提供額外資訊是爲了說明情況,而不是試圖說服他們接受你有制定界限的權利。你無需說服任何人。(除了你自己)此外,我也要提醒你:說眞話是你的權利。提供背景只是進一步闡述,幫助對方更瞭解你和你的界限請求。

第五步:表達感謝

逆勢出擊計畫要成功,少不了要對對方表達認可和感謝。正向強化新行動會增加繼續進行的可能性。如下的簡單聲明可以增進你們之間的友好關係:「謝謝你與貝蒂在著手計畫之前先來問我。你的體貼讓我覺得受到重視和關愛。謝謝你。」釋放越多善意,彼此越覺得受到重視,關係就越靈活,也越長久。

一再親密的關係,也需要設立界限

就瑪麗亞的案例而言,儘管她不滿葛斯的干涉,也知道他的行爲有偏差,但她仍因爲「拒絕」他用奶酥蛋糕和義大利麵寵愛她而感到內疚。

這種愧疚感促使她與葛斯最不健康的一面產生連結。如果她能擺脫這種不健康的互動，就能阻止他鼓勵她放棄過得更健康的努力。這種正向的觀點讓瑪麗亞感到振奮，她看到雙贏的可能，這對他倆都好。

無論葛斯是否用抗拒回應她的請求，用簡單、直接的話語提出請求，她就發揮了捍衛這段婚姻的最大潛力。瑪麗亞的界限智慧必將延伸到婚姻層面，並希望和葛斯能提升互動層次，也能更眞心交流，加深兩人的親密關係。

我們通力合作之後，只剩下一個問題：葛斯是否夠靈活，可以容忍這種改變，並學習新的界限互動模式？

身爲女性，我們常被教導：「如果你沒什麼好話可說，就什麼都別說。」言下之意和弦外之音都很明確：不要抱怨！要順從！（鮑伯，你今天開會公然搶走我的想法，居然還叫我不要抱怨！我沒說錯吧？）我們可以清楚看到這種教誨如何傷害我們。但即使如此，我們有時也很難改變，勇敢表達自己的想法。

然而，人類最基本的需求就是希望得到理解。在關係或生活中被誤解、不被理解，會令人深感沮喪。覺得孤單可能是憂鬱症的前兆，甚至會衍生自殺的念頭。在關係中遭到誤解可能產生最令人痛苦的孤獨感，如果你的感受不被重視那就更糟了。親愛的，所以你更需要說出來。

熟練掌握界限語彙，能幫助你在所有關係中得到更深入、更充實的體驗。撰寫你獨特的界限對話腳本，在溝通之前先大聲說出來（你可以對著鏡子或找朋友練習），這樣能減輕一些壓力。你練習得越多，就會覺得越容易、越自然。現在就開始吧！

尋找正確的遣詞用字

在打造逆勢出擊計畫時，我的案主表示，最困難的步驟有時是找到合適的措辭。我們將在第十章介紹真實生活的腳本和情境，但你現在就可以開始思考這個問題了。

有一點很重要，你不需要完美的措辭或完美地執行，即使做得亂七八糟、笨拙不堪，或大汗淋漓也沒關係。剛開始時，做就對了——完美主義閃邊站！

界限腳本的目的是以合適且清晰的言語，將你的問題或願望告知他人。以下的步驟是基於馬歇爾．盧森堡博士[5]開發的四步驟「非暴力溝通過程」[6]。

步驟一：說出問題

如果事情剛發生，你可以先提醒他們注意你的問題，「我想和你談談，你用我的備用鑰匙借東西，卻沒先問過我。」

步驟二：陳述感受

接著表達你的情緒。「我已經找了我最愛的披肩兩個星期，你竟然現在才告訴我你帶去旅行，這讓我很沮喪。」

步驟三：提出簡單請求

然後以輕鬆、不挑釁的方式說出你的請求。此外，你可以在明確、簡單的請求中附加互惠好處。例如，「我想提出簡單的請求，今後如果你想借用我的東西，請先問過我，我們就可以繼續分享衣服〔好處〕，避免因爲爭吵而破壞我們每週的姐妹相處時光〔好處〕。」

步驟四：商量協議

接下來就談協議。「你想向我借任何東西都得先問過我，這你同意嗎？」共同協議是懇請對方參與及承擔責任的方式，以確保新的界限互動能成功執行。

5 Marshall Bertram Rosenberg（一九三四—二〇一五），美國心理學家。

6 作者註：《非暴力溝通：愛的語言》，作者爲Marshall B. Rosenberg與阿倫·甘地（Arun Gandhi），二〇〇三年由加州恩西尼塔斯的PuddleDancer Press出版。

即使對方願意遵守，你都有可能需要多次重申你的偏好或限制。根深柢固的行爲模式需要時間和反覆執行才能改變，因爲我們必須每次都有意識地選擇新行動。對大多數人來說，這是件困難的事。

哈佛大學心理學家丹尼爾·吉爾伯特（Daniel Gilbert）和馬修·基林斯華滋（Mathew Killingsworth）的研究顯示，人們有近一半的時間既不關注外在世界，也不關注當下正在做的事，這種現象就是所謂的「神遊」（或稱「思緒漫遊」）。根據他們在哈佛醫學院的文章，神遊有個重要目的，就是減少焦慮。負責神遊的大腦迴路也幫助我們保留自我意識，並準確理解他人的想法[7]。

要成功劃定界限，就是你得明白，你想建立新互動模式的對象，幾乎有一半的時間都在神遊太虛，沒有足夠的意識做出新選擇，所以你一定要有耐心。

後果的力量

對於無視我們一再提出請求的「界限慣犯」，還得再加一個步驟，就是說明後果。制定後果並且明確說明，可以刺激對方尊重你的界限，你才能得到保護。你可以說：「我已經簡單要求你，想借我的東西就要先問過我。你一個月前就已答應，後來又沒問過就拿了我的電鍋。我眞的很希望你遵守諾言。如果再發生這種事情，我就要收回我家的鑰匙。」

對於「界限小白」，你不需要多說明確的後果。相反地，就從你的底線和偏好直接說起。光是透過溝通產生的積極成效，就可能令你驚喜不已。

就瑪麗亞而言，如果說明夫妻一起變得更健康的共同好處，無法激勵葛斯減少攝取碳水化合物，她可以加上後果。例如，「如果你繼續要我吃不利我減重的食物，我就自己準備餐點。」對某些人而言，這種後果毫無殺傷力，但對他們的家庭來說，食物就等於愛，所以分開準備食物就有重大意義。

你附加陳述的後果，應該與侵犯界限的行爲、帶給你的痛苦或不適程度成比例。屢次從你的皮夾偸錢的人，得到的後果（坐牢）不應該與經常遲到二十分鐘的人相同（不再和他們相約碰面）。我們不需要凡事計較，接受妥協才能讓關係有彈性、健康又持久。

7　作者註：「新研究顯示，人類將近一半的時間處於自駕狀態」(New Study Shows Humans Are on Autopilot Nearly Half the Time)，作者爲大衛‧洛克 (David Rock)，二〇一〇年十一月十四日刊載於今日心理學網站 (psychologytoday.com)，資料查閱於二〇二〇年三月。

對人類而言，痛苦或不舒服往往會促使行爲改變，這就是爲什麼應該採取相應的後果。這在兒童的行爲中就很明顯。即使你告訴孩子一千次爐子很燙，他們依舊會很好奇，想要親自嘗試。只要被燙過一次，他們就不太可能再碰熱爐子。

這就像教養，補充後果之後能不能成功，有極大程度取決於你能不能貫徹執行。如果你眞想在關係中設定並執行健康的界限，就必須說到做到。前後一致才是王道。時有時無的執行方法終究會失敗。

言出必行

瑪麗亞和我完成逆勢出擊計畫的準備工作時，已經開始與葛斯分享某些她想實現的目標（自我實現）。他眞誠回應，同時也很支持。因爲瑪麗亞從未直接拒絕他做奶酥蛋糕，或別去義大利餐廳訂位，所以葛斯是「界限小白」。她甚至未曾表達過她對這些不受歡迎的舉動有何感受。因爲有了設立邊界的新知，加上她明白夫妻互動有偏差，以及她在這種關係當中又扮演了什麼角色，瑪麗亞不再百般怨恨，也更想得到理解。

在開誠布公之前的幾週，葛斯似乎感覺到了妻子態度的改變。她對蛋糕或義大利麵毫無興趣。兩人開始溝通時，她緊張卻滿懷希望。

她的請求促使兩人敞開心扉，促膝長談。她點出他使用走回頭路的手段，但也明白他不是刻意扯後腿。光是她能展開這種對話就已經很了不起了。瑪麗亞與葛斯分享她對原生家庭的瞭解，以及她認爲食物就等同愛。葛斯也覺得如釋重負，因爲有機會公開談論彼此未曾明說的界限默契，並直說他怕她如果變得「太精實」，可能就會失去她。他答應以她要求的具體方式支持她追求健康。

創造新互動並非一路順利。但瑪麗亞發現，葛斯確實有足夠的彈性發展新互動模式，不需要她獨自另外準備餐點。在瑪麗亞成長的激勵下，她展開界限大王之旅大約一年後，他自己也接受諮商。瑪麗亞的勇氣和努力鼓舞了她的丈夫。

逆勢出擊計畫必須爲特定的關係量身訂做，沒有一套可以放諸四海皆準的原則。瑪麗亞和葛斯根據他們獨特的關係、欲望和生活經歷建立了新互動，你也可以逐步將你學會的新工具和策略付諸執行。接下來就要玩眞的了，萬歲！

界限大王練習

1. **初階練習：**

當別人跨越你的界限時，注意你當下的反應。你是無視不管、正面迎擊、情緒暴走，還是以上皆非？帶著好奇心觀察自己，但不要自我批判。

2. **進階練習：信實的溝通。**

說到做到是界限大王的必備條件，對於改變關係更有極大的幫助。請見第301頁的「個人教戰大補帖」，就能清楚看到你在哪個層面扯自己的後腿，不願表達自身的想法。

第八章 是過渡期，也是關鍵時刻

本章重點

- 「過渡期」是界限大王旅程中的一個階段，儘管你一直努力不懈，但這時設限的新行爲仍可能突然遇到阻力，令你受挫。但這並不代表失敗，你一定要堅持下去！
- 內在小孩是困在過去的我們，那個孩子依然以爲可能會碰到童年時期曾經歷過的反應和回應。
- 在現實生活中，當你開始改變與他人的互動模式，可能會面臨到預料之中的恐懼。但記住，你仍舊可以選擇說眞話，表達自己的想法。
- 附加好處是指停留在或創造一個不正常狀況時的隱藏益處。
- 劃定界限時，你無法決定對方如何回應，但說出來就對了。
- 「界限炸彈」是自我破壞的形式，會阻礙你創造、維護和加強健康界限的努力。它們包括「指責—羞愧—內疚三部曲」、「大意失守」、「界限逆轉」和「受害者──烈士症候群」。

- 你能走出傷痛，是因爲你能勇敢要求眞心想要的東西，對方會如何反應並不是重點。

那是一九九七年，我卽將從紐約大學社工學院畢業。我一直認眞學習劃定界限的技巧，離界限大王只有一步之遙。事實上，我認爲我已經是箇中好手了。我會把我的偏好和願望告訴每個朋友。當我不喝酒時，就選擇不分擔酒錢。我也會巧妙制止某個閨密總是喜歡自動提供忠告的行爲，我對她說：「愛妳喔，珍妮，但我只是需要別人聽我吐苦水，請不要給我建議。」這樣做讓我們更要好、友誼更鞏固，也讓我更尊重自己。

剛成爲心理諮商師時，我擬定了一份積極出擊的客戶協議，明確說明我的看診規則，包括付費方式和取消方法。我很早就冷靜地向客戶解釋，如果要取消，他們得提早二十四小時通知我，否則就要支付該堂諮商的全額費用。我主動設立我的邊界，才能預先避免對我（或我的案主、親友）不利的情況。

綜觀而言，我從錯誤中學習，並對於按照自己的方式過生活感到有自信、充滿希望。我內心是自主、獨立的牡羊座，如果你稍微了解占星術，就能想像我覺得有多自由了。

直到有一天，我不再有這樣的感受。我的諮商師給我出了一項功課，我的自信瞬間消失殆盡。我得直視界限失守的源頭。究竟是什麼作業呢？那就是：與我父親開誠布公。

我到底行不行，就要實際挑戰看看才能見眞章了。

前進兩步，後退一步

在成爲界限大王的過程中，眞槍實彈面對現實的階段非常普遍，我屢屢在案主和學生身上看到這種情況。他們逐步制定更好的界限，開始向客戶、朋友和戀人提出簡單的請求。一旦開始行動，再小的偏好或願望都該表達出來：我就是喜歡千層麵勝過漢堡；我想看「冰雪奇緣2」而不是「終極警探3」；我想提前離開慈善募款活動，而不是由其他人決定我何時要走，諸如此類的事情等等。他們的世界會因爲界限大王的力量而充滿無限的可能性。

然後他們會碰上似乎無法克服的障礙，就像一面磚牆。

這是很正常的。除了你在第六章學到的「過渡期」之外，界限技能每上一層樓都有自己的迷你「過渡期」。我們會前進兩步，又後退一步。雖然不見得每次進步都會碰上這種情況，但一旦發生了，你可能會覺得氣餒。

請不要把倒退視爲失敗。你已經花了這麼多時間清理心靈地下室，就不要再回去走老路。「復發是康復的一部分」，這句話通常用於戒癮，但也同樣適用於界限大王之旅。因此，在剛開始練習設限技巧受挫時也別放棄。

事實上，如果對方是你不太在乎的人，做個界限大王就比較容易。隨著你越來越有自信，你就更不會因爲瑜伽老師或路人甲的一句話而受到刺激。但如果你展現日益增強邊界能力的對象，是與你相處最久的那群人，尤其是原生家庭，出現固有的行爲模式是意料中事。而且當你碰到重大的考驗時，更會覺得這件事根本就是衝著你來的。

說明這種情況的最佳方式，就是分享我自己深刻的個人經歷。

即將從紐約大學社工學院畢業時，我已經自覺是個界限專家，直到我隨口向諮商師提起我不打算邀請父親參加我的畢業典禮。

「我覺得沒必要。」我自信地說道。

諮商師問：「泰莉，爲什麼妳覺得沒必要？」

正如我們所知，積習難改。當她直接問我這個問題時，我眼睛連眨也不眨地就回道：「相信我，他不會來的，」我果斷地說，「他討厭曼哈頓。」

但其實她的問題嚇到我了（說得更精確些，是她的問題嚇到我的內在小孩了，它顯然仍害怕被父親拒絕）。

「好吧，」她想了一會兒才說道，「但姑且先不論他的想法，妳想邀請他嗎？」

我再次不假思索地回答：「當然囉，他是我爸。」

在內心深處，我眞的希望能與父親分享這個重大的成就。我爲了實現重大的人生突破而做出了犧牲和克服恐懼，這讓我非常自豪。隨著畢業典禮逼近，我也希望他能以我爲榮。

話雖如此，現在有個很重要卻仍難以回答的問題是：爲什麼我不邀請他出席這個重要場合？

諮商師直視著我的眼睛，說道：「泰莉，妳的療癒力來自妳要勇於表達內心的想法，不論別人如何回應。妳邀請他是爲了正視妳內心眞實的感受，至於他去不去並不是重點。」

如今回想起來，那就是我的關鍵時刻。她那席話徹底改變我對界限的理解。我發現，邀請他也是正視我眞實的內心和自己，而非爲了控制他的回應。邀請他是我終於有勇氣以成熟的自己去面對父親。

當你繼續解決最棘手的界限挑戰時，可以預料到自身心態會有所轉變。你會在內心深處感受到，不能再保持沉默。當你意識到無論你說什麼、做什麼都是爲了你自己時，你成功的機會將大增。

打破高功能關懷強迫症和失守界限的枷鎖需要毅力。你必須深入挖掘內心的勇氣，因爲你可能會遇到強力的「界限炸彈」。

界限炸彈

鍛鍊界限大王的技巧時，要小心界限炸彈，這是一種自我破壞的形式，會阻撓你創造、維護與強化健康界限的努力。主要的界限炸彈包括「指責—羞愧—內疚三部曲」、「大意失守」、「界限逆轉」和「受害者—烈士症候群」。

界限炸彈可能會在你練習成爲界限大王的任何階段出現，隨著在生活中眞槍實彈挑戰的階段越來越逼近，炸彈的威力可能更強烈。瞭解炸彈的本質，可以幫助你多留心，並且預先做好準備。

界限炸彈一：指責—羞愧—內疚三部曲

指責、羞愧和內疚——光聽到這些詞彙，是不是就令你不寒而慄？這些情緒狀態都是令人不悅的。在學習界限管理的過程中，這些詞彙也會產生反效果，導致事情更複雜，破壞你制定健康界限的能力。

指責、羞愧和內疚是由恐懼所驅動的情緒，會激發防衛心，並削弱自尊和自信心。我們不想惹麻煩或受到懲罰，所以我們會轉移話題、激烈爭論，而不是進行建設性的對話。但爭辯無法讓我們爲了理解對方而傾聽，當你只想用萬無一失的論點推翻另一個人的看法時，怎麼會有心傾聽呢？

堅持自己是對的，似乎可以免於指責、羞愧和內疚，但實際上它只會中斷進行有效對話的機會。喔，還有一件事：壓抑那些不快的情緒，只表示你終究會帶著一整桶清潔劑重返地下室。

指責往往代表對被批判的恐懼特別敏感。當你責備別人時，他們就得承擔過失，至少你是這麼認爲。當你習慣性地責備自己，就能預先阻止別人怪罪於你，因此你誤以爲一切盡在你掌控之中。

害怕被批評可能是源於你內心深處的羞愧感，這種核心信念是認定自己天生就有問題。羞愧（就像嫉妒一樣）是如此令人不快，以至於你沒意識到這箱物品也是屬於地下室裡的一個盒子。如果放任不管、不處理，羞愧就會繼續損害你的自尊和自我價值。

許多人不太懂羞愧和內疚兩者的差異，我先解釋一下：內疚就像你做錯事了，而羞愧則是你覺得身而爲人就是個錯誤。

羞愧通常源於童年經歷。雖然多數人在孩提時期都曾經歷過一些暫時會令人感到羞愧的事，但成年後若還持續懷有羞愧感，則往往源於許久以前的長期虐待或忽視。羞愧讓人覺得無望，就像你自身存在無法被解決的根本問題一樣。

另一方面，健康的內疚則能激勵我們採取積極的行動和自我修正，具有一定仍可補救的程度，而羞愧則沒有。如果你感到內疚，你可以彌補、道歉，或爲自己的行爲負責，在這個過程中還能增強你的自尊。我們都會犯錯，坦承並處理需要解決的問題，會令人感到如釋重負。

不健康或有毒的內疚可不同，它與內在界限失守有關，例如爲其他人的情緒或處境懷有罪惡感，而這些其實根本是你無法控制的。在混亂或偏差家庭長大的人常有不健康的內疚，他們會覺得要攬下每件事的責任。他們可能會認為，如果爸爸生氣了，那就一定是我的錯，所以我是個壞孩子。可以想見，這些痛苦的童年經歷已經深植於我們心中，導致我們深陷求生模式[8]中，令人筋疲力竭。

羞愧會讓我們感到孤立，與他人疏離。社會學家布芮尼·布朗是研究羞愧及脆弱問題的專家，她說有三件事會導致羞愧主宰你的人生[9]，那就是：保密、緘默和批判。解決的辦法就是理解和共情，這兩者有助於建立關係、勇氣和同理心。所以一旦你意識到羞愧或有毒的內疚時，不妨寫下來，或與富有同理心的朋友談談，開始練習自我疼惜（self empathy）。

8　作者註：「有害的內疚感」（Toxic Guilt），作者為蘇珊·皮巴蒂（Susan Peabody），二〇一八年四月二十七日刊載於thefix.com，資料查閱於二〇二〇年四月。

9　作者註：「聆聽羞愧感」（Listening to Shame），為Brené Brown於二〇一二年三月在TED Talk的演講影片，刊載於ted.com，資料查閱於二〇二〇年四月。

自我評估

辨識「指責—羞愧—內疚三部曲」

當你冒出指責、羞愧或長期內疚的情緒時，正好乘機治療往日創傷。正如能量醫學專家（也是我的閨密）拉娜・里吉歐常說的，「心煩意亂就是接觸內在感受的機會[10]。」

充分利用機會的關鍵是先意識到你處於指責／羞愧／內疚的情緒泥沼中。想想以下的問題：

◆ 你是否發現自己對於完全超出你控制範圍的事情感到緊張（儘管從各個角度看來，你都沒有責任需要解決那些事情）？

◆ 你是否經常重複想著「我是壞人、騙子」、「我自私」或「我不值得被愛」等負面的自我評價？

◆ 你是否透過麻醉情緒的行為（食物、酒精、毒品、性等）暫時緩解令人討厭的羞愧、指責或內疚？

這些都是需要心生警惕的行為，也剛好是讓你意識到有潛在問題需要注意的機會。保持好奇心，利用3Rs策略和3Qs法，揭開造成你情緒困擾的早期經歷。

界限炸彈二：大意失守

我有許多案主有種潛在的信念，即他們認為必須告知他人不太想透露的事情，例如非常私人的事情或初次約會的床笫細節。向剛認識的人透露太多私事，或只因為對方請吃一頓飯就發生性關係（也許對方還覺得自己有權利以上床獲得回報），都會導致「真希望我沒那麼做」的後悔情緒，這種弱點也反映了界限失守的行為。

何時發生肌膚之親算是「太快」？呃，這個問題因人而異，也可能取決於你想要什麼樣的體驗。不過我大多數的女性案主前來諮商，並不是為了想知道如何主動追求性關係，而是想要建立持久的情感交流。在性方面，有些女性選擇等待數月，有些人則是過度關切對方的欲望，甚至不知道自己的偏好，只知道自己不想被拒絕。

至於透露個人資訊就需要判斷力。例如，我在一次線上課程中遇到有位女學員提問，說何時該向心儀的對象透露酗酒的父親曾經性侵她。這是個好問題，但從她電郵中焦慮的語氣，我覺得她的問題不僅事關適合的時間點，更可能的是，她覺得自己天

10 作者註：「如何剔除消極的想法，並將你的能量集中在你想要的事物上」(How to Tap Out Negative Thoughts, and Focus Your Energy on What You Want Instead)，作者為拉娜．里吉歐（Lara Riggio），刊載於lárariggio.com，資料查閱於二〇二〇年四月。

生就有瑕疵，而對方有權利知道這件事。我告訴她，事實並非如此。我建議她釐清爲何自覺有必要向幾乎是路人甲的陌生人坦白童年經歷的原因，而且對方肯定也有自己不可告人的祕密。

對於這些心懷羞愧感的人而言，眞正的坦白是一種潛手段，因爲公開他們的過去，可能會加速戀情早夭（其實他們不自覺地期待著這種結果），既然事情注定會結束得很難看，那就長痛不如短痛，對吧？避免自己日後遭拒，可以讓你誤以爲一切都在你的掌控中。你可能在過去的荒謬或造成創傷的狀況中感到無能爲力，但現在你可以踩煞車，這樣你就不必冒險承受脆弱帶來的恐懼。嗨！附加好處，又見面了。

「大意失守」的解方是主動示弱——對於如何與他人分享你的身體、情感、人生過往和自我，要保持審愼及深思熟慮的態度。對某些人而言，戒酒或適度飲酒有助他們練習主動示弱。否則三杯唐·胡利歐（Don Julio）龍舌蘭喝下肚之後，你很難不提到壓力龐大的訴訟案或你的混亂家庭。

至於肌膚之親，如果你總想討好別人，或在成長過程中已學會抑制自己的願望、需求或欲望，那麼以清楚表達同意（或明確表示拒絕）的形式，傳達你主動示弱就格外重要。這可能是一種痛苦的重複模式，所以當事情進展到更深層的階段時，它會再次出現也不足為奇。

你無法改變過去，但你可以做到下面這些事：了解你的童年創傷並不是你的錯，你不應該經歷那些亂七八糟的壞事。要提高警覺，注意這些熟悉模式出現的方式，才能在現在和將來都加以制止。你可以擬定逆勢出擊計畫（見第七章）增強辨別能力，管理期望，並剔除那些與你目標不符的追求者（或任何人）。一段可能令人不舒服的簡短對話，就能幫你避免幾週、幾個月甚至一輩子的困擾。你越是主動示弱，就越能清楚看見你有哪些選項。

界限炸彈三：界限逆轉

在你開始建立界限時，要堅守你所設定的邊界可能會很困難。好比你向上司明確表示，你加班必須獲得相對的補償，而不是永遠都要由你幫忙擦屁股。你可以仰賴法律和公司人資部門的支持，最重要的是，你確信自己可以採取具體措施來保護你的時間、精力和自尊。

但當你說出口後，就馬上後悔了。這種感覺很熟悉吧？這就是「界限逆轉」的例子。是的，如果你不習慣這樣做，說出口是很令人害怕的，我能理解這種感覺。但你要知道，成年的你無需害怕，你不需要為了維持和平而破壞你主宰自己人生的努力。感到害怕的是你的內在小孩，他在說：「沒關係的，其實我不是那個意思。我還是可以無償加班！」

前面討論過，當那個五歲的你開始掌控局面時，就會影響設定界限的能力。對於內在小孩而言，開誠布公的恐懼可能會讓他們感到事情攸關生死。但你要提醒自己：「以前是以前，現在是現在」，預料到自己會有一定程度的不安，可以幫助你抵擋在界限逆轉的時刻，不要衝動地憑感覺行事。

如果你在設定界限後感到焦慮或不安，我建議實施「四十八小時原則」。也就是等待兩天後再決定是否收回你的界限。在等待期過後，你極可能就不想反悔了。

當你能承受對未知的不安（這是另一種看待這個問題的方式），你可能會發現，身邊的人比你預期的更有彈性，而且你也沒那麼脆弱。你可能還會發現，內在小孩撰寫的惡運與悲觀劇本很誇張。當你明白這一點後，你會更容易忍受最初的恐慌。（只有一點例外：可怕的界限破壞王會察覺到你的猶豫不決，並盡力消磨你脆弱不堪的拒絕——我們將在下一章討論這點）

你可能常會感受到別人的不安、不贊成或不願意，但你可以選擇把注意力放在你自己身上，而不是他們。即使你已經完全成爲界限大王，你可能還是不喜歡進行高難度的談話。沒關係。經年累月下來，不斷重複、堅持不懈，就能減少你的焦慮，想要逆轉界限將成爲過往雲煙。採取對你來說正確的行動會成爲新常態，藉由重新定義你與界限的關係——什麼是可接受和不可接受的——你將不再被逆轉界限的渴望所控制或影響。

界限炸彈四：受害者—烈士症候群

我們自覺是受害者時，就會感到無助。我們相信自己的想法並不重要，我們的行動也不能改變任何結果。

烈士就是受害者的孿生兄弟。當我們自覺是烈士時，我們也感到無能爲力，但不同的是我們會計較。我們過度付出，不說出自己的主張，但我們暗自不滿，彷彿別人對我們有所虧欠。

我準備請父親參加畢業典禮時，出現了「受害者—烈士症候群」心態。因爲我是個積極進取的人，絕對不會讓自己淪爲受害者，但我也意識到，遭到父親拒絕的感覺，無疑與受害者的情緒相近。我之前甚至沒考慮要問他，因爲我覺得問了也是白問，他是不會來的。

我的諮商師幫我意識到，我始終渴望獲得爸爸的寵愛，希望他用溫暖而親切的話語來肯定我。然而，說「妳是我的寶貝」後再抱我親我，並不是我父親表達愛的方式。諮商師向我提出挑戰，看看我能否透過他愛我的方式來感受愛。我仔細想了想，嗯，好吧！他幫我付了大學學費，給我買了一輛二手車，在我去看他要開車離開前，他總是會大喊：「繫好安全帶！」

哇！我發現我以前沒想過他克盡父職就是愛。對我而言，他做的那些事情更像是義務而不是表達關愛。只要我希望他以那種非常具體又充滿感情的特定方式來愛我，我就感到失望、沮喪，進一步認定他必然不愛我。

當我們能轉移注意力，不再在意別人未能支持或關心我們，就能超越自我設限的負面信念，創造更好的可能性。當然，我不是建議你在不提出你的偏好、欲望和底線的情況下，就接受別人提供的任何事物。我的意思是，並非所有觀點對我們都有益。我改變對父親的看法，有助於消除我請他參加畢業典禮時感到的無力感和恐懼。

我和諮商師談得越多，就越意識到我在這種狀況下的選擇錯得有多離譜。也就是說，我其實是有選擇的。我原本以爲唯一有意義的結果就是他同意參加畢業典禮，如果他不來，我就無法得到我想要的東西。

諮商師引導我明白，其實光是被聽到、看到，最好還能被理解，這本身就有很大的價值。忘掉那套老掉牙的父女互動模式吧。事實證明，我向來渴望的就是被傾聽、關注和理解。

如果你有「受害者—烈士症候群」的困擾，你可能更會暗中計較（嘿，烈士），或困在無力感中（受害者心態）。但這兩者的解方都一樣：願意從全新角度看待你的人生和選擇，並爲自己採取行動。舉例而言，雖然我爸沒有以我想要的方式表達他的愛，但這不代表他不愛我。

從更寬廣的角度看待我們的關係和人生，爲我們如何度過這一生開啓了無限的可能。透過誠實、提高自尊心和願意爲自己的需求負責，你就能成功擺脫無助感，主宰自己的人生。

一鼓起勇氣說出口一

一旦我瞭解所有潛在的界限炸彈之後，諮商師就給了我一份作業：我將到佛羅里達進行一年一度的探親之旅，並邀請我爸參加畢業典禮。老實說，要不是這樣，我很可能不會邀請他。這個具體的任務對於喜歡追求成就感的我很有效。我絕對不許自己失敗。

諮商師向我保證，說「療癒就在請求中」，我不斷重複這個肯定句，直到我深信無疑。我只能對自己的言行負責，知道這點讓我如釋重負。這就夠了。

在我去找父親的那個週末，我們一起去了車庫舊貨拍賣會、在海灘上散步，還邊吃海鮮邊聊天。他問我畢業後有何計畫時，我大可順勢邀請他，但我沒問。雖然我完全相信療癒就在請求中，但我仍舊很緊張。即使你已做好所有準備工作、思路清晰，也制訂了積極出擊計畫，但這並不表示你不會緊張。

等他開車送我去機場時，我已經滿身大汗。我必須問他，而且要盡快，否則我就會對自己失望。我必須採取行動。

「嘿，爸，我有個問題要問你，」我緊張地看著他。

「哦？」他回道，目光筆直地看著前方道路。「什麼事，小泰？」

「如果你能來參加畢業典禮的話，我有留一張票給你。」

話一出口，我整個人都鬆了一口氣。

他沉默一會兒，然後怯生生地說：「我真的不能去。」

即使只去一個週末，他都辦不到。經年累月從澤西市通勤進城，讓他留下陰影。他討厭吵嘈、人群和快節奏，討厭城裡的一切。

我說，「好吧，我能理解。」

「這下我要覺得愧疚了。」他回答。

這時我大可分析他為何有此反應。我這輩子從來都沒有讓他感到愧疚過，更重要的是，我的確能諒解。

然而我只是說：「不必內疚，爸爸。我完全理解，要你到城裡一趟的確太辛苦了。但我希望你知道，在我的生活中沒有人可以取代你。你是我獨一無二的父親，與你保持聯繫對我來說很重要。」

當這些話從我嘴裡吐出來時，我心想，哇！我完成了一件困難的事，而這件高難度的事給我勇氣，讓我更有自信能表達內心的感受與想法。我感到無比自由。我那沉默寡言的父親沒多說什麼，但當我們道別時，他比平常多抱了我一會兒。

經過這麼多年壓抑內心的眞實感受後，這一刻我終於明白了。誠實表達欲望、偏好或底線，不僅改變了我與他人的互動，還改變了我與自己的關係和感受自我的方式——而這一點改變了我的人生。

如何說「不」，好好拒絕

我們先前討論過，尊重他人的界限非常重要。請不要因爲對方劃定界限，就幫他們掰出整個故事（「他們一定不喜歡我」……等）。當我們在成爲界限大王的過程中學習有效溝通時，可以利用實際的言語詢問而得到問題的答案，而不是以我們自己最深的恐懼來塡空。

我收到最果斷俐落的拒絕是來自我的朋友伊莉莎白。我邀她和我一起去瓜地馬拉度假。她回答：「那裡不適合我。我受不了瓜地馬拉，炎熱的天候和我很不投緣。」她坦誠的回答令人耳目一新：清楚、直接且充滿自信。我從那封電郵中，絲毫不覺得她會擔心她的拒絕是否會傷害我。我的情緒和反應不是她的責任，這一點很重要。

如果我們不直截了當說出眞話，往往就不自覺地會給跟我們互動的人製造麻煩。如果你說「不」之後又拚命道歉，或者過度解釋，那你就是不夠明確、直接或有自信地表達。你傳達的訊息是：「我很抱歉我拒絕了，我深信我的拒絕會傷到你的心，破壞我們的感情。」爲了表現「友好」，你可能會給對方帶來負擔，因爲他們覺得聽到你的一番解釋，還得反過來安慰你。這可不是界限大王的行爲啊！

面對伊莉莎白，我們都沒必要廢話連篇，浪費時間。我回覆她：「哈哈哈，瞭解，妹子。」就這麼簡單。

當你能乾淨俐落地表達或接受拒絕，就能省下大量精力，專注在值得你渴求的事情上。

自我評估

學習接受並尊重「拒絕」

對於高功能關懷強迫症患者、喜歡討好別人，以及過度犧牲的人而言，聽到別人拒絕或設定界限時，可能會覺得對方的拒絕是衝著你來的。

回答以下問題，向自己坦承你能接受和尊重他人拒絕的程度高低：

◆當別人對你的請求或提議說「不」時，你是否會感到受傷、被拒絕或生氣？

◆如果你提供的建議被忽視，你會覺得惱怒或沮喪嗎？

◆你是否會用肢體語言（如：望向別處、長嘆一口氣等）或用「好吧，對不起，打擾了」這類簡短回答，間接表達你的難過或沮喪？

你的回答將提供你該把注意力放在哪裡的寶貴訊息。記住，真正的界限大王追求的永遠是進步，而非完美。學習如何接受拒絕，並尊重他人的界限和偏好，就能朝你成為界限大王的目標邁出一大步。

追悼夢想

在現實生活中，最後、也可能是最痛苦的時刻，就是允許自己感到悲傷。成爲獨立自主的人會引發強烈的情緒。我有位案主名叫裘丹，描述了她多年來順從母親的欲望和喜好，後來終於說出自己眞實想法的感受。她始終優先考慮母親的需求。多年來，裘丹總是千里迢迢地去探望母親，爲她的生日大費周章，只要母親有任何需要，她幾乎隨call隨到。在諮商過程中，她透過處理累積多年的怨恨，找到表達眞實自我的方式。

當裘丹終於告訴母親，她希望她們之間的關係能更平等互惠時，她的母親也同意了。從那一刻開始，她們的關係變得更緊密，她的母親在安排時間表時會先詢問裘丹的感受，而不再一廂情願地認爲女兒會配合自己的計畫，同時也會幫忙裘丹規劃行程。

不過就在裘丹表達自己的想法後，她很驚訝自己竟然回家就哭了。我們在諮商時討論了她的悲傷，她說她爲放棄自己的那些日子感到難過，如果她能早點以坦誠的態度面對母親，她會覺得自己更有價值。

老實說，在這個階段，你可能也會有類似的感受。你會感到悲傷，因爲你曾費了洪荒之力，只希望眾人感到快樂和滿足，而現在你意識到這樣的努力並沒有達到預期的效果，或獲得相對的回報。這是坦誠面對與接納自己的重要一環。

因此，不要讓任何人（包括你自己）將你「過度樂觀化」，不正視你情緒經歷中這個極爲重要的部分。仔細審視你過去的行爲，希望你當時就能知道你現在知道的，這是走向自主自決、成爲強大的界限管理者的重要步驟。這可能會以多種不同的形式出現：你早該結束（或根本不該開始）的戀情；你應該更少容忍的鳥事；或當初基於恐懼讓你做出如今後悔不已的事情。時間確實是我們所付出的最寶貴的代價，所以允許自己爲過往失去的機會感到悲傷，這是很正常的。尊重你眞實的自我和過去的經歷，是對自己表達愛與關懷的重要表現。要成爲合格的界限大王，這是必要的練習。

追悼還有另一層涵義，那就是哀悼我們渴望卻不曾擁有過的童年。（第249頁提供有效的練習，有助於解決這個問題。）就像我希望能有個不一樣的父親，你可能希望當初你的父母能更成熟或更能幹。但是，現在優先考慮自己的感受，好好照顧自己，這可以成爲一種修復情感的經歷。將之視爲重新擔任自己父母的機會，提供你應得的關懷和鼓勵。從本質上來說，我們成爲親切、健康又全心關懷子女的父母，而這是我們曾欠缺的。

無論你有哪些感受湧上心頭，都允許它們自然流露，否則你的情緒就會卡住（畢竟你剛清理過地下室）。追悼需要充分的自我疼惜，那是一種來自內在的愛與關懷。想像一下：如果你最好的朋友遇到困難，你會要他忍耐嗎？或說他的感受是空穴來風？我敢打賭，你一定願意支持他度過心理難關。

自我關懷就是爲自己提供同樣的支持。

我喜歡心理學家克莉絲汀·娜芙(Kristin Neff)提出的並列比喻，她也是「正念自我關懷中心」的創辦人，她說：「自我批評是問『你是否夠好』，而自我疼惜則不同，它問的是『什麼才是對你最好的？[11]』」當你反思，並走出「界限魯蛇」的日子，你可能希望能多運動、多吃營養食物、泡個海鹽浴，以及嘗試能療癒身心靈的各種方法。

就我而言，邀請父親參加畢業典禮引發了強烈的情緒。我決定好好欣賞他表達父愛的方式，接受他的處世風格。我給自己盡情感受所有情緒的空間，就能意識到我的恐懼被誇大了（那是孩提時代的恐懼），並且放下我對父親、對自己和自我價值的限制性信念。我因此可以依據我的真實偏好和感受做出回應，我們父女的感情還可能更上一層樓（3Rs策略在此派上用場了：辨識、放下、回應）。

在真正面對內心感受之前，我做夢也想不到我們的關係有可能得到改善。而我畢業後成為諮商師，似乎也象徵我進入更健康的內在界限的新階段。

我內心的成長為外在界限帶來深遠的好處。父親開始以我料想不到的方式關心我。他會毫無來由地寄卡片給我，他之前從未這樣做過。卡片上印著溫馨的話語，通常裡面只會簡單地寫著「愛妳的爸爸」。我還記得我收到的第一張卡片，當時看到信封，我還以為裡面會是一篇提醒我該將多少收入存到退休金帳戶的新聞剪報。我們還說好每週日晚上要通個電話，雖然大部分時間都是我說他聽，但我依然覺得這段時光很寶貴，遠遠超出我以前所能想像。

我很珍惜他表達關懷雖笨拙卻溫馨的方法。我沒有得到自以為需要的父女情深，但我擁有的關愛不但情真意切，而且更加美好——這一切都是因為我願意努力、不放棄，即使當時我在佛羅里達時曾冒了一身冷汗。半年後，父親去世，我格外慶幸當時

11 作者註：「克莉絲汀·娜芙暨她在自我關懷方面的研究」（Kristin Neff and Her Work on Self-Compassion），作者為Madhuleena Roy Chowdhury，二〇一九年十月二十五日刊載於positivepsychology.com，資料查閱於二〇二〇年四月。

會提出請求，並告訴他，我有多麼重視他。那次是我最後一次去佛羅里達探望他的時刻。對此我充滿感激而無悔。

我希望你也能如此：別放棄，繼續努力，一定要對自己有信心。沒錯，你會走到面對現實的階段。我希望你能意識到，那些時刻正是成爲界限大王的寶貴契機。

界限大王練習

1. **初階練習：**

留意每個能夠關懷內在小孩的機會，你可以試試下面這個快速而有效的練習。

找一張你小時候的照片，放在經常看得到的地方(比如設為手機桌布)。每當看到這張照片，就練習同理那個可愛、稚嫩的你，同理當他還是個孩子時所經歷的一切。不要做出任何批判，你的心中只有愛。那個孩子就是你。他很完美，值得你的關愛和同情。

2. 進階練習：追悼夢想。

為了替未來創造的事物留出空間，我們必須尊重並放下長久以來的失望情緒。想要清理出一條讓人身心健康的康莊大道，請做第303頁「個人教戰大補帖」的「追悼夢想」。

第九章

如何面對界限破壞王？

本章重點

- 界限破壞王往往無視你的界限，因爲他們覺得有權利占用你的時間、關懷和注意力。他們只在乎自己的需要，根本不會關心你。
- 許多界限破壞王缺乏同理心（雖然有人會僞裝得很好），而有些人甚至根本沒良心。
- 一般的教戰守則，對界限破壞王根本不適用。
- 眞正的界限破壞王不可能有明顯的改變，你最好接受這個殘酷的事實。你可以用本章提供的方法保護自己遠離他們的傷害，尤其是當你覺得不安全時。

幾年前，我第一次見到茉莉，她帶著冷靜寧和的神態，飄然走進我的診間，宛如頭上頂著天使的光環，但沒想到當時她正處在人間地獄。

當我問她來諮商的原因時，她馬上就提供了她的家庭背景資料。撫養她長大的父母都極度以自我爲中心，一個是自戀的工作狂母親，一個是自尊受創、一心只想討好妻子的父親。父母都沒有太多時間和心思照顧茱莉，她從小就知道，自己的職責就是要維護家庭的「完美」形象，不要引起任何波瀾。

茱莉毫不保留地分享這些資訊，讓我好生佩服。她不僅直接、眞誠，而且聰慧，顯然已經對自己的心理健康做過功課。然而她回顧人生經歷時，卻沒提到她此刻坐在這裡的原因。我溫柔地問道：「那妳爲何現在想尋求支持呢？」

她臉色一沉，歎了口氣說：「我的男友是暴力情人。我和他同居，每天都是場惡夢。」

茱莉繼續描述她與湯姆的關係，三年前她在健身房認識了湯姆，當時茱莉聘請他當私人教練。湯姆風趣、迷人，最重要的是對她一見傾心。他努力打動她，最終，她同意和他約會。沒多久，他就說她是他的夢中情人，還談到結婚成家的事。茱莉欣喜若狂，只是偶爾不禁懷疑：湯姆是不是太完美了？

雖然這樣的想法讓茱莉覺得緊張，然而她還是一頭栽進去了。三個月後，他們就同居。

他一搬進她家，就不再對她呵護備至，開始變得鬼鬼祟祟。他經常熬夜，如果她去客廳看他在忙什麼，他就假裝不在意地合上筆電。雖然茱莉直覺認爲不妙，但她告訴自己，一切都很好。

然後，他變得百般挑剔，尤其是針對她的食物選擇。他還會偷看她的手機，挖苦她所有的朋友，只要她和別人在一起，他就會醋勁大發。茱莉覺得她必須與所愛的家人朋友保持距離，才能討他歡心。當她來找我時，湯姆對她的控制行爲已經演變成肢體暴力。如果她斗膽辯駁，他就會把她推到牆上或摔倒在地。最糟糕的是，外人還以爲湯姆是完美男友，誰會相信她的話呢？

她說：「我已經不想再等我們回到往日的幸福時光，這永遠是不可能了。」湯姆聽起來就像界限破壞王，就是沒有能力（也許是沒有意願）尊重他人的特定類型人格。

聽完茱莉的故事，知道湯姆有暴力傾向後，我斬釘截鐵地回應她。

「紐約市有許多諮商師會在妳考慮離開這傢伙時向妳收費，但我不是這種人。如果妳下定決心要從這段暴力關係中全身而退，找我就對了，」我說。「不然我也很樂意推薦其他的諮商師給妳。」

茱莉點了點頭。「我現在準備好了。」

那就開始行動吧！

當規則一概不適用時

你是否遇過那種完全不懂得傾聽和考慮你的喜好、想法或感受的人？這類人就是我所謂的界限破壞王。對於這種特別難纏的角色，無論你多麼明確表達你的界限，他們都無法理解。

界限破壞王的字典裡沒有「妥協」二字。無論有意或無意，在公開或私下場合，他們都無視他人的界限，一方面是因爲他們覺得自己不受任何限制（某些人甚至罔顧法律）。他們覺得有權利占據你的時間、關心和注意力，而且不必予以回饋。

界限破壞王極具爭議、情緒容易波動、超級敏感，只在乎自身利益。他們可能有B型人格障礙，包括自戀、反社會行爲、歇斯底里和邊緣人格障礙。但我們沒打算對你的界限破壞王或其他任何人進行診斷。（要確定某人是否患有這些人格障礙，需要由專業人員當面評估，而這不是我們的目的。）重點是你要能辨識出這些超難對付的人的常見行爲，並評估你目前與他們互動的方式。

界限破壞王多半使用不顧他人權益與需求的掠奪方式，來確保你能維持與他們的現狀。知識絕對就是力量。請注意：如果你身邊的界限破壞王有暴力史，或全然漠視你的幸福，你的人身安全尤其重要。如果你對此感到擔心，請尋求專業支持和指導。界限破壞王可能根本不會爲你著想，你必須格外警惕，以保護自身的權益和幸福。

當你試圖向界限破壞王表達你的界限時，會令你感到沮喪和困惑。逆勢出擊計畫對界限小白和界限慣犯很有效，但對界限破壞王卻不太行得通，因爲正常的互動規則並不適用於他們，無論對方是家人、同事、另一半、前任或朋友。想和界限破壞王講道理，只會讓人抓狂。

爲什麼會這樣？因爲界限破壞王往往只關心自己和他們的目的，而毫無同理心和同情心。對於界限破壞王來說，其他人只有在能順應他們的期望、滿足他們的要求時，才顯得重要。他們對現實的看法才是唯一的眞實。

界限破壞王的行爲舉例如下：

- 沒有安全感的伴侶，他在你有重要報告的前一晚（或者你正忙於其他事情的任何時候），故意沒事找碴吵架。你說你得在做完報告之後才能討論他的問題時，他就罵你自私，並且暴跳如雷。

- 經常與你較量的蠻橫母親，對你的成功倍感威脅，並試圖將你的成就歸功於自己。
- 輕佻的伴侶，他直截了當否認他在派對上的不當行爲，儘管你的確看到他把電話號碼給另一個女人（他會說，你的「瘋狂」嚇壞他了）。
- 職場上的朋友，他爲自己每月浮報開支辯護，說他應該、也有權利拿到這些不屬於自己的金錢，因爲他們的薪水太低，而且不受重視。
- 不可理喻的老闆，他總是無視你週末不收電郵的要求，或在你陪著生病的孩子看醫生時還打電話給你。

我的許多案主和學生往往試圖以理性的方式解釋界限破壞王的行爲，如此才能更容易寬恕破壞王的言行不一。但請注意：界限破壞王的行爲一定會比他們的言語更流露出本性。

──跳出這個坑，又掉進另一個坑──

在我們深入探討破壞王規避界限的狡猾手段之前，我想指出重要的一點：如果你是高功能關懷強迫症（HFC）或高敏感族群，就特別容易淪為破壞王的獵物。即使你不是由破壞王撫養長大，成年之後也可能與他們纏鬥，但如果你從小就以父母的需求為優先（以犧牲孩子的幸福為代價），你遇到界限破壞王的機率會更大（我說的「遇到」，其實就是「被折磨」），除非你能治癒原來的傷口。無論你有什麼樣的成長經歷，在這種互動中，你唯一能控制的就是自身的行為。瞭解你為何可能成為界限破壞王的完美目標，就是脫離這種有毒關係的關鍵。

尤其如果你是容易討好別人的人，會自然而然地關注別人的期望和需求。界限破壞王大老遠就能察覺你的情緒敏感度，並且加以利用，以造福他們自己。

這種事情在我的問診生涯中所在多有，我看過聰明、極富同理心的案主，與界限破壞王陷入具有破壞性的關係中。你要知道，破壞王跟你不同，他們缺乏同理心（雖然有些人偽裝得不錯），甚至無良。因為界限破壞王相信為了達到目的可以不擇手段，他們使用的招數包括甜蜜轟炸、煤氣燈操控法（gaslighting）、情感操縱，讓你產生罪惡感，並用謊言控制你。

如果你是HFC或高敏感一族，可能很難理解怎麼會有人沒良心或缺乏同理心，不在乎別人的痛苦或磨難，甚至不考慮自己的行為會如何影響對方。界限破壞王就指望你眞誠善良。（奉勸一句：HFC往往也屬於高敏感者，他們的神經系統非常敏感，可以敏銳察覺身邊的人微妙的情緒變化，在高度刺激的環境中會感到不知所措。你可以上BoundaryBossBook.com/bonus做線上快速測驗，以確定自己是不是這類型的人。）

如果落入界限破壞王的魔掌，你可能會在怨恨、困惑和悲傷的苦海中掙扎。你容易過度付出，卻仍被對方明示或暗示你做得還不夠。你不斷努力想塡補他們需求的無底洞，但永遠無法成功，所以你開始覺得自己不夠好。但眞相是：對界限破壞王來說，正是你相信你的努力和付出可以改變對方的行為，或讓情況變得更好，這就成為他們運用操縱戰術的力量。

如果你正與界限破壞王纏鬥，在制定行動計畫之前，你必須瞭解你所面對的問題，這一點非常重要。尤其如果你們已經結婚、有孩子、共有財產或共同經營公司，在這種控制狂和可能報復心極強的人面前，衝動行事可能得付出極高的代價。一旦你能辨識他們暗中的伎倆和自己的底線，便更能主宰情勢，採取具有策略的行動，並進而成功。

破壞王的操控伎倆

界限破壞王是操控大師，他們制定交往規則，其他人則必須遵守。其操控伎倆眾多，以下三種最為陰險。

一、顛倒是非

界限破壞王擅長模糊焦點，不讓人看穿他們可疑的舉止。如果你提出合理的請求：「我不想在晚上十點以後才回家，因為我身體不舒服，我需要好好休息。」破壞王的反應會像彷彿你剛打了他們一巴掌：你竟然敢說這種話！他們的回應經過精心策畫、深思熟慮，目的是為了讓你改變心意。當你表達需求、欲望，尤其是底線時，可能會惹火他們。

另一種顛倒是非的手法是假裝關心你，尤其是當你逮到他們不良的行為時。例如當你對晚歸還懶得打電話知會你表示不滿時，他們會說：「你知道嗎，我真的很擔心你。你最近似乎特別敏感，是有什麼心事嗎？」這些伎倆就是為了讓你懷疑自己，同時也轉移焦點，不會再深究他們搞什麼把戲。

另一種招數是因爲你提出一個簡單的問題，或對你做的事誇大其詞，因而對你心生不滿。如果界限破壞王背著你做了不光彩的事情，可能會反過來把你罵到臭頭，讓你處於防守狀態，進而轉移焦點，不會再注意不利於他們的事情。好比我有個案主打電話給她的新男友，說她不喜歡他搞失聯（在最初幾週，他會一直保持聯繫，行蹤可靠）。她的坦誠促使他出招攻擊，說道：「我眞不敢相信妳竟然不當面問我這件事。其實我也覺得跟妳很疏遠。上週三晚上睡著的可是妳，而不是我！」他會無所不用其極地讓她開始懷疑自己，即使她的感受是合理的。（果不其然，最後證明他就是個說謊的混帳東西；在這次聯絡不久之後，她就甩了他。）

界限破壞王可能會針對小事爭論不休，或刻意扭曲你的話，例如，「我從沒答應在與我家人商量之前要先跟你討論假期，我只是同意會和你聊聊度假計畫。」或者他們可能會要求你先幫一個超級小忙，然後突然又提出更大的要求，並堅稱你早就同意，但其實根本沒這回事。有些人可能說你的感受是空穴來風，他們的手段就是把情況轉移到另一件更重要的事情上（其實他們的答案跟你的問題根本毫不相關，但這樣做可以成功轉移你的注意力，你只能想辦法化攻爲守）。例如，你不喜歡對方在深夜還接已婚前妻的電話，當你這麼說時，另一半回答：「你人可眞好。她得了癌症欸！」但你知道嗎？她的癌症（就算她眞的罹癌）與你無關，你需要在乎的是你對他在半夜接前妻電話的感受。

二、煤氣燈操控法

煤氣燈操控法是玩弄人心的惡劣手段，界限破壞王在他看中的目標身上播下懷疑的種子，就是爲了在關係中占上風。界限破壞王利用此法，偷偷使出暗箭招數，包括持續否認、誤導、駁斥和撒謊，讓你懷疑自己的記憶、觀點和心智。如果你持續遭到親近的人操控心理，可能覺得自己精神越來越不正常。例如你小時候曾親眼目睹父母之間激烈而可怕的爭執——摔盤子，火力猶如第三次世界大戰的級別。但後來你問母親他們爲何吵架時，她卻說：「喔，我們沒吵架啊，寶貝。你的想像力實在太豐富了。」

煤氣燈操控法的目的就是試圖推翻你的信念，讓你對自己經歷的現實產生質疑。過程包括不斷操弄眞相，也就是否定或推翻你的親身經歷。對方可能會說你太脆弱，你可能也會開始質疑自己的敏感度——「也許眞的是我的問題」。

遭到煤氣燈效應操控的主要指標就是極度謹慎、格外小心，免得惹火你的另一半／

母親／上司，感覺被迫向家人和朋友隱瞞眞相，而且總是不停在道歉，覺得自己動輒得咎。你可能也覺得自己筋疲力竭，彷彿再也找不回往日的活力。

如果身邊的人試圖控制你認知的眞相，你怎麼會不難過呢？被操控的感覺是很糟的。積極而強大的自我意識，是建立在自我信任以及與內在覺知的深刻連結之上。這是你與生俱來的權利。但你知道誰對此毫不在乎嗎？就是對你進行煤氣燈操控的人。

起初，你可能會感到震驚，心想：「這難道是我的幻覺嗎？我是不是要瘋了？」在剛開始時，尚未形成明顯的模式，所以儘管你覺得對方的行徑很奇怪，但還不至於達到讓你全面警戒的程度。但長此以往，你會逐漸產生戒心，覺得有提出主張的強烈需要，像是表達「我沒說過！」或「你答應過，下一個升官的人就是我！」這類的想法，即使只是小事，例如你是否同意參加烤肉（你當然沒答應過）。然而熟練的界限破壞王就是有辦法消磨你的意志。他們深知如何可以引發你的羞愧，而且知道一旦你羞愧的按鈕被啓動，你就會乖乖閉嘴屈服。

三、甜蜜轟炸

甜蜜轟炸是自戀狂常見的另一種策略。他們會對目標對象多加奉承，滿足對方的自尊和找到眞愛的幻想，直到他們確信受害者已經上癮（是的，甜蜜轟炸的藥物是海洛因，而不是搖頭丸）。這時，這類型的界限破壞王會開始變得充滿批判、故意找碴、充滿敵意。最後，蔑視的情緒轉爲徹底拒絕，然後完全拋棄你。

自戀狂的虐待週期分爲三個階段：（一）崇拜奉承，（二）貶低輕視，（三）棄如敝屣。

要明白，在這個虐待週期的第一階段，界限破壞王過度關注你，是因爲他們（有意識或無意識地）想徹底控制你。受到甜蜜轟炸是非常誘人，令人無法招架的。之前只會發生在你夢中華麗而浪漫的舉動，竟然會出現在眞實生活中。

甜蜜轟炸也可能發生在其他狀況，例如友誼關係、職場環境，甚至是邪教招募信徒時。受害者往往會自責：如果我當初沒犯下那個致命的錯誤，或許現在還備受喜愛。

當那位操縱甜蜜轟炸機的機長（這是大魔王等級的界限破壞王）察覺你瀕臨崩潰邊緣時，就會重新施展甜言蜜語、給予關懷，而且做到剛剛好，不會給你過多的關注與承諾，但已足以讓你盡釋前嫌，願意與對方重新開始。

這就是茉莉的經歷。每當她受夠了，湯姆又會體貼入微，時間長到足以重燃起她的希望。她以爲只要付出更多，並保持苗條，就能重新贏得他的寵愛。這就像毒蟲爲了追求最初體驗過的快感，而奮不顧身。我看過無數次這樣的虐待循環，結局向來都是以悲劇收場。

其他操縱伎倆

除了顛倒是非、心理操控和甜蜜轟炸之外，界限破壞王還會使用以下的手段達到目的，也就是徹底的控制。

•否認你的感受

有位案主會告訴我，每當她生氣時，丈夫就會充滿敵意地說：「我不會因爲妳哭就同情妳。」搞什麼啊？她是在表達自身的情緒，又不是要他同情，但他的反應顯示她違反了他的潛規則：妳不許心情不好。

在這種情況下，試圖否認你的情緒的伴侶可能還會說：「幸好我這麼敏感，其他人可受不了你。」

•金錢控制

許多界限破壞王利用金錢當作一種隱密的控制手段，他們透過送禮或提供金援，讓你對他們心生依賴，甚至容忍他們的虐待，因爲你擔心失去他們將無法維持基本的生活開銷。

•惺惺作態

有些界限破壞王會假裝需要關懷或無助的樣子，以欺騙你滿足他們的欲望。例如，自戀狂的母親可能會表現得心煩意亂，以博得女兒的同情。察覺你弱點的伴侶還會在遭到拒絕時裝得失魂落魄，好讓你同意他們的想法和計畫。

•憤怒

有些界限破壞王會利用敵意、大吼大叫來累垮你，有時乾脆冷戰。你可能會感到筋疲力盡，以至於忽略他們的行爲就是虐待且錯誤的。當他們發現你已經快要無法忍受時，就會換個模式，表現得充滿愛意。你會因爲他們不再把怒氣發洩在你身上而感到如釋重負，因而更有可能同意他們的要求，卻沒意識到他們根本就是耍著你玩。

•同儕壓力

有些界限破壞王會利用同儕壓力，說服他們的目標對象屈服於其計畫。例如某個案主告訴新對象，她想等三個月再上床。但他們下次約會，對方就說一般女性在約會三次半後會發生性關係。他不僅試圖向她施加同儕壓力，逼她做她已表示尚未準備好的事情（「正常的女人在這段時間內都會發生性關係」），而且他還特別研究了這個話題，企圖用資料數據逼她就範。

心機不那麼明顯的同儕壓力可能是：「我們全家都同意我這個觀點，」或「你知道嗎？鮑伯說你自私時，我還幫你說話。但現在我開始覺得他是對的。」然後，你會更關注鮑伯到底說了你哪些壞話，而不是這個人以侮辱你爲手段來控制你的事實。

最好的道歉，就是改變行為

如果你正與這種自私自利的人交手，最重要的就是要隨時觀察他們的行爲。不要姑息縱容，要盡早戳破他們，你會從他們遭到質疑的反應中獲得許多重要情報。他們是否會坐下來說：「天哪，我沒發現我在那樣做耶！再多說一點，我想瞭解你的感受。你對我很重要。」如果對方是界限破壞王，是不可能發生上述情況的，倘若眞發生了，你會在接下來一兩天內得到明確的資訊，藉此你能瞭解他們眞實的感受，他們要不就重複聲稱那是不經意的冒犯行爲，要不就嘲笑你想太多，又或是完全不鳥你。

無論這段關係有多混亂，一旦你習慣了這種互動，就更難表達和確定你爲何如此不開心。如果你的老闆／愛人／母親／或其他任何人，他們爲自己的不當行爲道歉了，那很好，但重點是要注意對方的行爲是否有所改變。言語就是界限破壞王的武器，如果你不想遭到挾持，就要留意他們的言行是否一致。俗話說，最好的道歉就是改變行爲。對於界限慣犯，我會把這句話改爲：唯一重要的道歉就是改變行爲。如果我們接受某人花言巧語的道歉，而他們仍繼續違反界限，那我們就是迎合他們最惡劣求生本能的共謀了。這會是最糟的無限循環。

一愛自己勝過愛女兒的母親一

茉莉在可怕的循環裡受困太久了。在她找上我之前，已經勇敢地先把所有事情告訴她最好的朋友。不再保持沉默，勇於揭露眞相，是她結束與湯姆這段虐戀的第一步，也是促使她接受諮商的起點。但她需要專業的指導才能安全脫身，所以她來找我。

在諮商過程中，茱莉意識到父母的冷落對她目前的戀情產生了影響。她的母親是個自戀狂，而且絕對算得上是界限破壞王。如果茱莉的表現沒達到母親的標準就會被斥責，母親也很重視茱莉的外表，例如她參加主日禮拜的衣著是否得體。她的母親還缺乏同理心，完全不在意茱莉的感受，但卻非常注重營造完美又令人羨慕的家庭形象。

由自戀狂母親撫養長大，這對茱莉的身分認同和自我價值有負面影響，她無法拒絕母親或堅持自己的立場。茱莉從小就知道，要得到愛就得容忍惡劣的行徑，順應他人的欲望和要求。

如果正在閱讀本書的你也像茱莉，有個只在乎她們自己或刻薄的自戀狂母親，我要向你們致意。這種界限破壞王的傷害非常特殊，格外虐心。少了母親的支持和安慰，會感覺很孤單，何況我們的社會推崇母愛，更加深了這種寂寥。許多這類型的子女都罹患憂鬱症或焦慮症，多數人覺得無法融入人群，羞於承認自己不受母親所愛。

如果你由這種母親撫養長大，我對你的痛苦能感同身受，也非常同情你和你的人生經歷。但你不該為母親的偏差或失職負責，也不該任她操弄、侮辱，或接受任何形式的折磨。就如同所有的界限破壞王一樣，無論孩子怎麼做，自戀或缺乏給予母愛的媽媽永遠都不會滿意。她與人格健全的父母相差甚遠，後者會尊重你，讓你擁有選擇的自由，並將你視爲與他們不同的個體。

對茉莉來說，計畫逃離男友時，必須暫時不與母親聯絡。茉莉提高警覺，知道少接觸毒親才是上策。

如果你的父母碰巧也是界限破壞王，與他們保持距離將有助你在人生各方面有更清晰的認識，如此你才有餘裕及能量，追求你的目標和幸福。如果你需要獨處的時間與空間，就付諸行動努力爭取吧。

限制傷害的程度

面對非界限破壞王，設立健康的界限可以有效保護自己和你的人際關係。但如果對方是破壞王，事情可沒那麼簡單。

在有害的互動關係中，你可能會承擔更多責任。你可能也會自責無視傳達了警訊的身體智慧，例如胃痛或胸悶。在你反思時請記住，他們的魅力攻勢是爲了日後的控制和操弄，你無須自責，你只要對自己的行爲負責，而無須爲他們的行爲負責。

對茉莉來說，她在遭到肢體暴力之後才意識到，無論自己再怎麼努力也無法改變湯姆。即使你的界限破壞王沒有對你動手，但情感和言語上的冷暴力也極具殺傷力，對敏感的人來說更是如此。就像茉莉一樣，你遲早會受不了，只是每個人的底線都不一樣，如何因應也取決於你。因爲界限破壞王可能不會考慮你的最佳利益，因此你必須格外小心保護自身的權益、安全和幸福。

爲了走出界限破壞王的操控陷阱，你要明白，以控制你爲目的的操弄行爲實不可取。當有人暗中攻擊你的想法、直覺和自主權時，信任自己可能猶如攀登陡峭高峰般困難重重，但這是可以做到的。爲了培養和信任直覺，你要爲自己創造一些時間和空間。當你覺得身體有什麼地方不對勁、疼痛或無法伸展，就是你的身體智慧在告訴你：「注意了，情況不太妙。」

靜坐有助你感受到內心的平靜，補充能量。自我照顧很重要，尤其是在充滿壓力的狀況。在與人交談時，你可以先暫停一下，釐清思緒，深呼吸能幫助靜心。學著定期使用3Rs策略（辨識—放下—回應）也能幫助你更遵循正念行事，如果有人試圖操弄你，你就有足夠的時間回應，聽從自己的智慧和原則行動。你可以相信直覺，它是強大且可信賴的。

接受事實就是關鍵。你永遠爭不過界限破壞王。即使你有最站得住腳的論證，破壞王也不會承認你說的眞相。說服他們接受你的觀點是徒勞無功又耗神費力的任務。一旦你明白這點，就要想盡辦法拯救你唯一救得了的人生——那就是你自己。

界限破壞王用卑鄙的伎倆，因爲他們之中有許多人的自我意識薄弱，又深深厭惡自己。他們很可能害怕如果你變得更有自信，就會離開他們。但這不是你需要操心的事情，也不是你需要負責的問題。別再讓步，以爲這樣做能安撫他們內心的創傷了。你無法彌補他們可怕的童年經歷，但你可以開始做出有意識的選擇，著眼於你的幸福、安全和自主權。

茉莉非常清楚她的首要選擇，就是逃離湯姆的魔掌。她打算搬出去，再也不和他聯絡。因此我們制定了周密計畫，趁他出差時搬走。湯姆就像她母親，也喜歡扮演受害者。所以，她還必須在心理和情感上也都得先做好準備，因爲共同的朋友可能會站在他那邊。

試圖和界限破壞王爭辯毫無意義，同樣地，說服人們接受你的觀點也是在浪費你寶貴的時間和力氣。眞正瞭解你的人根本不會懷疑你或你的意圖。其他人可能會站在界限破壞王那邊，但是你要學習茉莉，別在乎別人的想法。

如果你面對的是暴力型的界限破壞王，離開、斷絕聯繫，或兩者兼具都是理想的選擇。如果界限破壞王是你的父母，那可能會有點難度，但我要再次強調，你同樣也可以選擇不再聯絡。我有些案主是與界限破壞王的家人暫時中斷聯絡，距離有療癒作用，也能打破互動模式。之後當你再與他們重新接觸時，任由他們支配或傷害的可能性就比較小，反正他們的所做所爲都不是爲了你。

如果對方是自戀狂，而你決定徹底結束這段關係，就要準備好面對他們的怒火。記住，他們覺得有權控制你，並不擇手段要毀了你，就因爲你堅持自己的主權。你可能需要封鎖他們的電話號碼，或是爲你希望擁有的那段關係舉行一場迷你葬禮，就當對方已經死去，然後繼續生活。無論你做出什麼決定，有一點是確定的：你無法跟他們講道理，想都別想。

如果沒辦法離開或從此失聯，就採用「灰岩法」(Gray Rock method)，基本上就是變得無趣，反應冷淡，這將讓你成爲不那麼有趣的目標[12]。界限破壞王拚命想引起你的注意，以填補他們內心的空虛。他們看到你心煩意亂的樣子，就像貓看到貓薄荷一樣，任何激動的情緒反應都會正中他們的下懷。但如果你的反應冷淡，他們也會對

12 作者註：「灰岩法的代價和回報」(The Price and Payoff of a Gray Rock Strategy)，作者爲Darlene Lancer，二〇一九年十一月四日刊載於psychologytoday.com，資料查閱於二〇二〇年四月。

你失去興趣，這也正好達到你的目的。

茱莉在等待執行脫身計畫時就使用這種策略。湯姆回家後會問一些諷刺的問題，例如：「請告訴我，妳今天沒穿那條裙子。」雖然很不容易，但茱莉會淡然地回答：「我穿了。」你也要像茱莉一樣自律，無論有什麼感受，都不能讓對方看穿。到頭來，他們就會去其他地方尋找能滿足興風作浪的刺激癮頭。

如果你們的關係無法輕易結束，例如你們共同撫養孩子，你就得在溝通過程中盡量少表現出情緒。界限破壞王並不關心你的感受。《神奇話語：如何教自戀狂稱你的意》(*Magic Words: How to Get What You Want from a Narcissist*)的作者琳西・艾利森建議，與自戀狂溝通就像談生意[13]。她有個成功絕招可以達到目的，但必須理解自戀狂的創傷和不安全感(也就是他們覺得自己不重要)，然後投其所好，讓他們感覺受到賞識(覺得自己很重要)。例如，你可以說：「你能幫忙強尼做科學作業嗎？你對於解釋概念一向很擅長，我想他一定會很樂意。」沒錯，吹捧一個不斷折磨你的人可能很困難，但切記，這是門生意。有策略地諂媚他們，以滿足你的需要。如果你無法操弄操控者，至少要避開權力鬥爭，並保持冷靜。

如果你正在與一個危險的人打交道，我強烈建議你找專家解決，放棄戲劇性的退場計畫會比較妥當，也更安全，因爲界限破壞王可能會打算讓你生不如死，藉此證明他們依然可以控制你。尋找協助家暴受害者的資源，謹愼計畫脫身策略。有時灰岩法可能比限制令更合適，因爲對某些掠奪者來說，法令反而會加劇暴力行爲。你的安全絕對是首要考量，熟練的專業人士可以確保你得到保護。

如果你懷疑新的交往對象可能是界限破壞王，可以利用反對他們計畫的方式加以測試。如果對方說，「我在義大利餐廳訂了位子，」不要只說，「太好了！」還要說：「但其實我想吃日本料理。」界限破壞王控制衝動的能力很差，卽使只是剛開始，你也會發現，他們因爲計畫受到挑戰而感到惱火的蛛絲馬跡。如果你能及早發現問題，就更能堅持設立界限，或者趕緊腳底抹油落跑。

如果你不及早試探，可能會誤認爲順從就代表彼此是互相契合的。曾經有案主告訴我，她不滿意她的「完美」戀情，儘管其實並沒什麼大問題。照她的說法，她的另一半對所有事情都「相當挑剔」（也就是控制狂）。後來她漸漸透露，當伴侶安排社交活動時，從來都沒問過她想做什麼。事實上，他甚至不知道她的喜好。她就像許多女性一

13 作者註：《神奇話語：如何教自戀狂稱你的意》(*Magic Words: How to Get What You Want from a Narcissist*)，作者是Lindsey Ellison，二〇一八年由加拿大安大略省多倫多的Hasmark Publishing出版。

樣，順從他的安排，因爲她討厭衝突，但最後她會覺得非常孤單。建立在順從上的關係當然是孤寂的，因爲這種關係是單方面的考慮，以及透過不停地付出、安撫和讓步以維持和平。不斷放棄自我會帶來嚴重的後果。

無論你一段關係已經走了多遠（戀情或其他人際關係皆然），當你決定成爲自己人生的主宰時，你的經歷將會發生巨大轉變。你的時間寶貴，要如何利用就由你決定。如果你遇到界限破壞王出言不遜，就要明確表達你絕不容忍姑息。例如你可以說：「我想提出一個簡單請求，希望你不要再用『婊子』或任何難聽的字眼叫我，否則我就要掛電話。」界限破壞王可能會再次越線，而關鍵就是你要說到做到。即使覺得不安，你也必須堅持到底，不要容忍惡劣行徑。

就茱莉而言，她最終決定借用蜜雪兒·歐巴馬的話語，並根據自身情況稍加修改：「當別人低劣攻擊時，我們就閃人！」[14]在審愼計畫之後，茱莉採取了行動。她趁湯姆不在時，安全地把家當搬出公寓，封鎖他的電話和電郵，搬到美國的另一端。經過一段時間的治療，她努力解決了童年的創傷，免得再吸引另一個湯姆，她邂逅了很棒的伴侶，兩人廝守至今。茱莉成功創立了自己的事業，也成功從界限魯蛇成爲界限大王。

如果你再也不想與界限破壞王打交道，就去追求自由吧！對自己誠實，不要放棄，找出下一步正確的行動，直到你重獲自由。

界限大王練習

1. **初階練習：**
注意對方是否有言行不一之處。界限破壞王舌粲蓮花，口頭上可能很有說服力，但他們的行動會透露他們是否有能力或有意願真正改變。

2. **進階練習：列出界限破壞王名單。**
舒服地待在你的禪修角落，見第304頁的「個人教戰大補帖」，並列出你的清單。

14 歐巴馬的版本是「當他們低劣攻擊時，我們要高尚回應。」(When they go low, we go high.)

3. **高階練習：**

與界限破壞王打交道會令人心神耗弱，現在你更要優先考慮呵護自己。親愛的，舒服地洗個澡，二十四小時都別碰3C用品，攝取營養食物，充分地自我關懷。我在下一章等你。

*注意：如果你有人身安全的顧慮，請務必尋求協助。優先考慮眼前的利弊得失，並制定詳細計畫以改變處境。

第十章

真實世界的界限——情境+腳本的彩排演練

本章重點

- 教育每個人瞭解健康的界限不是你的責任，創造和保護你自己的健康邊界才是你的任務。
- 切記，與人溝通要堅定且充滿自信，既不要過於消極，也不要太激進。
- 在剛開始時，更要允許自己有設定界限的權利，即使你可能搞得一團糟、手忙腳亂或滿身大汗。
- 你已經訓練身邊的人以特定的方式對待你，現在則要根據你增進的自我認知重新訓練他們。你可以透過肢體語言和行爲讓他們知道。

準界限大王，穿上戰服吧！現在該學習符合你個人需求，並且能適用於任何情況的有效腳本。

本章將探討如何在不同人際關係常見的互動模式中設定界限。你可以採用書中建議的腳本，設計你對伴侶、老闆、母親、閨密或在面對星巴克的路人甲的對話內容。當你對設定界限的技巧越有自信，就越能找到獨特的措辭和表達方式。

但在此之前，我們先回顧你設定界限的過程，以確保你能取得最大的成功。

使用3Rs策略，讓自己言之有物

現在你已經知道建立逆勢出擊計畫的步驟，這代表你有工具，能根據現有狀況，和與之建立新界限或改變現有互動關係的人的理解，來做出決定。（需要複習嗎？請見第158頁）當你說出你的眞實感受時，請記住，考慮當前的情況是很重要的。在既有關係中，你對對方有一定的瞭解、也知道該怎麼做才能讓他們接受你所說的話，但在這世上，逆勢出擊計畫不見得都行得通。所以在各種狀況下與任何人設定界限時，就要運用3Rs策略（辨識—放下—回應）作爲基本框架。這個三步策略有助釐清你內心的重要事項，然後有效地提出請求，表達你眞實的感受，或告知對方已經越界。以下是複習的內容。

第一，就是**識別**有問題發生了。你可以感覺到身體的不適——例如胃痛或胸悶。身體智慧可能暗示有外在衝突（對方也許是苛刻的朋友），但肯定表示你也會產生內在衝突。身體智慧是內建的警報系統，提醒你注意當下或即將發生的事情正讓你感到不舒服。觀照內心的感受能提供你重要的訊息，幫你辨識問題所在。

第二，**放下**「界限藍圖」中來自舊創傷或不健康影響的歷史包袱。當你感到不安，可能是因爲你對過去的創傷做出反應。你也可能會將另一個人的行爲合理化，爲他們找藉口，而不是專注於你的眞實感受。聽好了，侵犯界限就是侵犯界限。無論對方是否有意傷害你，只要你覺得他們的行爲讓你覺得受傷，你就有權利在當下說出來。

第三，以正念和明確的方式予以**回應**。當你知道問題何在，以及你想要什麼時，就可以選擇適當的措辭，準確傳達你的觀點和感受。如果你覺得貝蒂姨媽問你爲何沒生孩子，雖然冒犯到你，但她並無惡意，你可以用友善或溫和的語氣轉移焦點。例如，「我目前還沒考慮那個問題耶，聊聊妳啦。妳最近好嗎？」如果你的同事想向你打探私人資訊，你可以用比較直接的方法拒絕回答，例如，「嘿，鮑伯，我希望隱私就留在私領域。」你不需要教育每個人都瞭解健康的界限，創造和保護你自己的健康界限才是你的責任。

第一次撰寫界限腳本就上手

實際演練是一種過程，沒有萬靈丹可以確保完美的執行。接下來的工具和腳本有助於你建立基礎。保留並練習對你有效的那些台詞，也保持開放的心態，接受各式各樣的選擇，以做出謹慎、具建設性和真實的回應。你越能消化吸收這些台詞，越不需要思考。你會輕鬆（甚至快速）地說出事實。最終，你將找到健康自信的理想方法，既不會過於消極，也不至於太過激進。

確認自己真正想要什麼

當你開始運用你的界限新技能時，先暫停一下，審視自己真正想要什麼，如果你容易自動予人方便，或是過度努力，就更要這麼做。讓自己有更多時間評估狀況，釐清自己究竟想要什麼，這樣會格外有幫助。例如，當有人要求你同意你不確定的事，你無法立即回覆時，可以繞著街廓散個步，或去洗手間冷靜五分鐘。你可能只需要這點時間，就能確定自己的感受，知道該如何回應。

以下是爭取時間的幾個方法：

●「我需要整理一下思緒。能在半小時後繼續討論嗎？」
●「能不能今天稍晚再談？先讓我想一想。」

思考之後，你就可以根據情況，堅定而平靜地說「不」。

●如果朋友邀你參加你寧可死了算了的晚餐，可以說：「我決定不去吃那一頓，但我很樂意另外約時間敘舊。」
●如果同事希望你幫忙完成超出你專業、興趣或職責範圍的工作，可以說：「很遺憾，我沒辦法。但等我完成手邊快到期的工作後，再看看有沒有辦法幫忙。」
●如果路人向你搭訕，可以說：「雖然我拒絕你了，但你也別放在心上。」

被越界時的溝通法

我的案主和學生面臨的首要挑戰，就是不知道該如何告訴別人他已經越界。通常只要能和對方展開對話，接下來就容易了。立刻提醒對方注意你的感受、擔憂或反對意見，就能防範可以輕易被糾正的錯誤或誤會，演變成更嚴重的問題。以下是基本的開場白，有助於你展開行動：

- 「我覺得你應該知道……」
- 「我想告訴你，上次我覺得很不舒服，因為……」
- 「我得跟你分享我的經歷，因為我希望你能理解我的感受和立場……」
- 「我想讓你瞭解我對發生的事情的感受……」

在緊張的情況下，我常用第七章討論過的四步驟「非暴力溝通過程」[15]，來表達我認爲他人已經越界。以下是快速的回顧（請見第190頁）：

「當我看到＿＿＿＿」（觀察）

「我覺得＿＿＿＿」（感受）

「因為我對＿＿＿＿的需求沒得到滿足。」（需求）

「你願意＿＿＿＿嗎？」（請求）

這個過程非常有效，因爲你不是用罵人或論斷的方式。你幫助對方瞭解你的感受，並且表達有哪些具體行動可以緩解你的不安。

拒絕第三方插手

第三方插手是有毒的溝通方式，也就是兩人發生衝突時，其中一人請第三方介入，即使問題根本與此人無關。例如，妹妹借了你的白襯衫，還你的時候卻弄髒了。她覺得你小題大作，也沒說要賠你一件，反而向你們的母親抱怨。然後你媽媽就認爲必須找你談談，說你有多小心眼。你妹妹沒種當面說你小氣，卻暗自希望母親能幫她出氣。這很令人生氣吧？

第三方插手很常見。在職場、朋友及家庭關係中都會發生。傳八卦、說幹話都是第三方插手的形式。然而常見並不代表對任何涉及的人有好處，也包括你在內。

你要做的就是選擇不成爲這種有毒溝通的第三者。方法很簡單，例如：

- 「嘿，媽，謝謝妳的關心。我會直接找貝蒂解決這個問題。」

對於喜歡八卦的朋友，你可以說：

- 「拜託，除了貝蒂和男友吵架的事情之外，我們還有更有意思的事情可以聊吧。」

15 作者註：「由四步驟組成的非暴力溝通過程」（The 4-Part Nonviolent Communication Process）（PDF檔），作者爲馬歇爾・盧森堡，刊載於nonviolentcommunication.com，資料查閱於二〇二〇年四月十八日。

你最近好嗎？」

- 「我寧可聽聽你的新工作。」

如果有親戚對你說你母親「擔心」你，你可以一開始就友善地阻止這個話題：

- 「謝謝妳的關心，貝蒂阿姨，我自己會處理。」

沒有人有權逼你做出不符合你道德操守的行爲，即使過去曾有人這樣做過。你的行爲不必受到別人惡劣、不自覺或不健康的行爲所影響。

阻止別人主動提出忠告

如果你想與朋友、親戚或同事分享消息或自身的困境，對方又常主動提供多餘的意見，你可以用條件句做開頭，例如說：

- 「我有個情況想和你分享。你能不能發揮同情心，用聽的就好？」
- 「我想跟你聊一下我的事情，如果你能聽我說，不要提供建議或批評，我會非常感激。」

如果你沒有一開始就表達願望，不論是你忘了，還是覺得不方便啓齒，你都可以用下列的方式阻止多餘的建議（因爲你知道對方一定會提出）：

- 「目前我還不需要建議。如果你能發揮同理心，聽我說完，我就很高興了。」

如果對方在人際關係中，尤其是戀情，向來擔任解決問題的角色，你可能得提供更多關於你想法的進一步說明：

- 「謝謝你每次都熱心幫忙。但現在我希望你只要聽我說就好，我相信我自己會找到答案。」

拒絕別人多管閒事

我的案主和學生常認爲自己有必要向他人解釋或回答所有問題，即使只是微不足道的小事。其實你沒有義務回應別人的打探，即使這些問題並沒有冒犯到你。你不需要與任何人分享你的私人資訊，尤其不必滿足對方的好奇心。

以下是一些拒絕別人多管閒事的方法：

- 當約會的對象打聽你的收入時，你可以說：「相信我，跟我的身價可差得遠了。」
- 當親戚打探你的感情生活，你可以說：「我現在不想討論這個問題。等我想分享好消息時，我會告訴你的。」

- 同事問你假日有何安排，你可以說：「鮑伯，假日就是代表私人時間啊！」或「你想知道嗎？」（眨眼）

如果對方仍堅持追問，重複你一貫的回答。根據親疏關係和問題的攻擊性，可以再加上一句：「我要說的就是這些了。」

轉移對方的焦點

如果你曾被無禮、有攻擊性、不恰當，或被咄咄逼人的問題或意見逼問過，你應該知道那種啞口無言、呆若木雞的感覺。（這種「呆若木雞」就是第三章提到的戰鬥—逃跑—靜止不動中的「靜止不動」）。之後你可能會自責，希望當時自己有勇氣當場反駁。但當你當場愣住時，問題並不是你缺乏勇氣，你的身體只是試圖在感知的威脅之下保護自己。

關係權力專家卡夏·爾巴尼亞克（Kasia Urbaniak）是「言語自衛道場」的創始人，她教授學生「轉移焦點」的策略，擺脫張口結舌的狀態，在任何不舒服的狀況下都能扭轉關係權力[16]。方法很簡單，那就是與其回答讓你覺得不舒服的問題，不如反問對方。你可以就他們的問題提問，（「這和你有什麼關係？」）或者轉移焦點，提出完全不相關的問題。（「你這件超酷的襯衫是在哪兒買的？」）

轉移焦點之所以有效，是因爲你可以就此離開舞台中央，而轉移話題就是翻轉局面。爾巴尼亞克以假設事件爲例：如果有男同事問你爲何沒有孩子，你可以幽默地回答：「怎麼了？你缺媽媽嗎？」

這個答案很俏皮。這種方法的好處就是可以用任何你覺得合適的方式回應。你的問題可以是幽默、輕浮、俏皮、認眞，或隨意的，這些全都操之在你。重要的是你可以拿回控制權，把焦點放在對方和他們不當的行爲上，轉移他們無禮或不恰當的問題。

如果有人問你太過私密的問題，你可以用下列的說法轉移焦點：

- 「你為什麼要問這個問題？」
- 「你想知道那個幹嘛？」
- 「你為什麼會問我這種事？」

16 作者註：刊載於kasiaurbaniak.com，資料查閱於二〇二〇年四月十八日。

無論是徹底改變話題，或直接給這個有敵意的提問者好看，都算成功迴避不得體的問題。幹得好！

處理假惺惺的真批評

假惺惺的眞批評可以用聽起來有助益或關心的方式表達，但身體智慧如果發出警訊，你就知道這種批評已經越界了。

當朋友、家人或同事發表超級無禮的意見，然後說「我只是實話實說」，你可能覺得有必要接受他們的話，即使這些話讓你心情惡劣。但我要說，你沒必要這樣逆來順受。

老實說，提供眞正有建設性批評的人其實是在支持你，他們關心你，雖然難以啓齒，但還是提點你重要的訊息。如果你尊重對方，並且知道他們是眞心誠意的，你會欣然接受他們的回饋。至於你穿錯衣服或髮型有多難看的評論呢？那根本沒有建設性。

下次再有人說你的牛仔褲有多醜，或提醒你戀情紀錄有多慘烈時，你可以說：

- 「我不記得我有要你給我意見。」
- 「你覺得是說實話，但我覺得那是多餘的意見和批評。請不要這麼做。」

如果你身邊的人喜歡拿「我只是說實話」當藉口，不要給別人有攻擊你的機會。例如那位嘴裡吐不出象牙的朋友說：「你剪了頭髮。」就不要給她直接侮辱你的機會，還問對方：「你喜歡嗎？」你可以簡短地回道：「對，我剪頭髮了。」不要允許任何人用他們的「實話」作爲棍棒攻擊你。在你的人生中，你自己的眞相才是最重要的。

宗教常被用來當作假惺惺眞批評的工具。我有位案主離開一個宗教團體，但仍會在公共場合遇到信徒。他們總會說，「我們都在爲你祈禱。」背後的意思就是：你的人生走錯路了，我們希望你盡快回到正道。她無法對他們視而不見，卻又不知道該說什麼。於是我們想出幾個回應法：

- 「謝謝。我也為你們所有人祈禱。」
- 「我們都需要祝福，謝謝！」

當有人批評你或出現其他越線行爲時，另一個有效的回應就是舉起一隻手，就像做出禁止通行的標誌。有人越界，但你不必忍受。簡單地舉起手，就能表明你的立場。

利用肢體語言的力量

肢體語言是我們透過具體行動、手勢、表情等進行溝通的方式。這個過程可能是有意，也可能是無意，可能是刻意，又或是出於本能。

無論你是否意識到，肢體語言早在你開口前就會傳達你的意圖和態度，這可以加強或削弱你的界限程度。爲了有效傳達你的想法，你的肢體語言必須與你所期望的結果保持一致。

好比說吧，你健談的同事凱西早上喝咖啡時，總喜歡鉅細靡遺地分享她約會的每個細節，但你對她主動提供的風流軼事根本沒興趣。你可以透過低頭看電腦螢幕，轉身背對她，或者瞥一眼手錶表示缺乏興趣。如果她仍舊在狀況外，你可以選擇更直接的方式，說：「早上是我最有效率的時間，我得趕快工作了。」

遇到你根本不想打交道的人時，例如前男友、以前的朋友，或孩子學校裡愛多管閒事的家長，在這種狀況下，肢體語言很重要。你可以微笑點頭致意，但繼續往前走。你可以說，「嗨，你好！」或「很高興見到你。我有事先走了！」重點是繼續前進，因爲沒有什麼比不停下腳步聊天，更能表達「我不想停下來跟你閒扯淡」。

關於各種界限危機的腳本

以下是案主和學生回饋最常見的界限危機，以及可能解決危機的腳本。（你可以在BoundaryBossBook.com/bonus網站上的「界限大王特典補充包」中找到更多腳本。）同樣地，如果某個場景並不完全適合你的人生或狀況，你仍然可以參考這些建議，再量身打造自己的回應。

有冒犯之嫌的言行舉止

- 「我不接受種族歧視的發言。不要說了，否則我就離開。」
- 「你的意見／觸摸／語言讓我很不舒服。請停止，否則我必須離開。」

挑戰你的底線

- 「我的感受／偏好／底線不容質疑，也無須討論。」

金錢問題

- 「貝蒂，我什麼時候才能拿到上次吃飯時幫你代墊的錢？」
- 「很抱歉我不能幫你。我的原則就是不借錢給朋友或家人。」

解決問題

- 「我對你的行為很不滿，因為我重視我們的關係，我必須讓你知道我的感受。我希望我們能一起想出令人滿意的解決方案。」

降低衝突

- 「我能不能提出簡單的請求，就是等我們兩人都冷靜下來，再來討論這個問題？」

拒絕

- 「我有其他重要的事要先處理，但我會發功祝福你，希望你能解決問題。」
- 「你也知道，現在是我公司最忙的時候。所以很抱歉，我無法幫忙籌辦活動。」
- 「不行，抱歉，真的沒辦法。」

插嘴

- 「能不能先等我說完這件事？等我說完之後，就洗耳恭聽你講鮑伯的事。」
- 「你打斷我，讓我覺得你沒認真聽。我想麻煩你別插嘴。」

偽裝成嘲諷的冷暴力

- 「我不覺得好笑，也不欣賞。」
- 「嘿，你可能是開玩笑，但我要告訴你，我不喜歡，希望你別這樣。」

對方否定你的感受

- 「我是跟你分享我的感受，並不是在徵求你的意見。」
- 「我說的是我的經歷。你不可能比我更瞭解我的感受。」

對方試圖怪罪你

- 「嘿，鮑伯，我不擔這個責任。那是你自己的選擇，如果你當初的行為是出於內疚或義務，那也是你的事。」

對方是健談的髮型師、按摩治療師或提供服務

- 「我很期待享受片刻安靜。如果我閉上眼睛，請別見怪。」
- 「我想提前告訴你，我更喜歡安靜的按摩。」

堅持你的偏好

- 「我知道你喜歡計畫，但我希望我們一起決定在哪裡，以及何時碰面。」
- 「我發現，你常在我說話時滑手機。能不能麻煩你把手機收起來，好好聽我說話？」
- 「我真的無法接受那個計畫。我想〔插入你想要的計畫〕。你有任何的折衷方案嗎？」

不健康的友誼（需要改變或結束）

- 「對不起，我不能跟你一起吃午餐／吃晚餐／做瑜伽。」（而且會一直沒空。）
- 「我們爭吵的時間似乎多過和平相處。這實在是太難了，我想我們還是分道揚鑣比較好。」

如果對方爭論或試圖說服你打消念頭，你可以繼續堅定地表達自己的界限：

- 「不，我絕對不接受。祝你好運。」
- 「這段友誼對我而言並不健康。我希望你一切順利，請不要再找我。」

提起往日的不滿

許多人認爲，處理宿怨有時效性，但我不認爲如此。試圖讓人看到、聽到你的聲音或正視你的經歷，永遠不嫌晚。

- 「你知道，我一直在想上個月／去年／一九七八年夏天那次發生的事，我想分享我的想法和感受……」
- 「我反思了上週發生的事情，我必須與你分享……」
- 「我眞希望我當下就老實說，現在越來越讓我心煩了。所以我想告訴你……」

記住，說得越簡單直接越好。

堅守自己的真實想法

總而言之：在任何情況下設定健康界限的能力，與駕馭自身眞實感受的能力有關。用話語維護自己的權益，還有以肢體語言傳達眞正的自信都很重要。根據各種狀況，你最強大和最有效的動作可能是直視對方，並清楚表達出「我看透你的詭計了，鮑伯。今天不行，以後也休想唬弄我。」的決心。

你越擅長設定界限，越能處理更棘手的情境，先從較不重要的人物和狀況開始練習，漸漸你就會懂得如何應付更重要的人。你可能根據新發現，開始修改你的ＶＩＰ名單。記住：你設定界限時，受到限制的對象最初的抵制可能是倒退嚕手段，不是有意識地或故意拒絕你的限制。逆勢出擊計畫可以讓你腳踏實地，專注於你的最終目標：被別人看到、聽到和瞭解。３Ｑｓ法可以幫助你消除過去的創傷，使你能以更有正念的方式做出回應。３Ｒｓ策略則可以幫助你辨識、放下和回應。你知道你辨得到。

你已經訓練身邊的人以一種特定的方式對待你，現在你要根據你的眞實感受、偏好、欲望和底線，教導另一種更好的方式。告訴他們，同時也要用改變的肢體語言和行爲向他們展示。要有足夠的勇氣擁抱你的眞相，這就是界限大王的意義。

界限大王練習

1. **初階練習：**

要意識到你仍然處於過渡期，所以當你開始建立新界限時，會經歷許多情緒。你可能會設定限制或提出簡單請求，又立刻想收回（又稱「界限逆轉」）。給自己至少四十八小時，以減輕焦慮。前往BoundaryBossBook.com/bonus，瞭解自我安撫的技巧和方法，幫助自己度過焦慮期。

2. **進階練習：在腦中演練更高階的界限。**

現在你有工具，也知道該說什麼，該利用在腦中演練的力量，創造更上一層樓的界限了（見第306頁的「個人教戰大補帖」）。

第十一章　界限大王的人生

本章重點

- 慶祝每次心態的轉變，無論改變是大是小，它們都是持續變化的基礎。
- 設定界限是自愛的最高表現。
- 你的自愛程度能為生活中所有的關係設定門檻，而且你要提高目標標值。
- 允許你能為自己做決定。

現在該進行下一個重要步驟了，那就是：慶祝你的努力和勝利。而且每次都要慶賀，任何時刻都別忘記。每天都要優先考慮你的偏好、自我主張、傳達你的底線和願望，這些小事都是在創造你的新常態。

成為界限大王不會一步到位。還記得「前進兩步，後退一步」嗎？沒錯，那都在意料之中。你有時成功，有時失敗，但重要的是你的方向正確。為了持續把焦點放在長遠的大獎上，就得每次慶祝心態的轉變，無論改變是大是小。

你不卑不亢地拒絕參加上司舉辦的可怕年度節慶派對，舒舒服服地待在家裡看電影？眞了不起。在你說「是」肯定自己之前，先停頓一下，因爲你的內心正在說「不」吧？這個停頓就是爲自己爭取時問，讓你能優先考慮自己的情緒和偏好。請自己吃個義式冰淇淋吧。只要能讓你更接近有意識選擇的目標，不論那是什麼事，隨時都值得讚美。

設定界限是自愛的最高表現

愛自己才能建立健康的界限。然而對於我認識的許多女性而言，自愛是種模糊的概念。許多人覺得他們就是不愛自己，而且永遠也辦不到。有些人則認爲，他們的父母或伴侶對待他們的方式，決定他們能獲得愛的程度，並影響他們能夠或應該愛自己多少。你現在已經清楚這種邏輯有多謬誤。自愛就該從你開始，也該由你結束。就這麼簡單。

與其說眞心愛自己是一種感受，不如說是一種生活態度，而且就體現在你的行爲和選擇中。設定界限是自愛的最高表現之一，所以建立底線、培養健康的關係在每一天都很重要。如果你才剛開始健身，會期望在一週內就擁有夢寐以求的腹肌嗎？或是一旦達到目標就立刻放棄，不再繼續練習？不會吧！學習以健康的界限愛自己，也是同樣的道理。

就像其他珍貴的事物一樣，自愛是需要努力的過程，是你捍衛自身權益所採取的一連串行動。你越以眞實、具體的方式愛自己，就越能信任自己。當你知道可以仰賴自己時，人生就會更美好。

我覺得很有意思，在我的線上課程和諮商過程中，大部分女性剛開始都是爲了改善戀情，但離開時，多數人都把自愛和人身自由視爲最寶貴的成果。這兩者緊密相連，如果沒有自愛的基礎，就不可能有人身自由。

這是你的人生，你最重要。這就像航空公司要求你先戴好氧氣面罩，原因很明顯。無論你做什麼，都要運用這個原則。從早上醒來的那一刻開始，想辦法爲這一天帶來更多的平靜、自在和快樂。我相信靜坐的功效，所以我起床的第一件事就是靜坐。靜坐和禁語是奇妙的自愛行爲，你可以定期進行，最好每天都做。正念可以打開覺知。

除了靜坐之外，我還堅信舒適是自愛的核心。舒適是微小、令人開心的潤色，會即時影響你的情緒。我屢屢看到簡單事物所帶來的喜樂，例如購買剛採的鮮花、身邊放著舒適的毯子，或在櫃子裡補充你最愛的茶葉或鹹味爆米花（或你喜歡的任何東西）。優先考慮感官享受是身心合一的有效方法，因為這些小事也邀請你活在當下。如此，你將更能好好呼吸、有好心情，並根據自身的眞實感受、欲望和經驗（而不是你心靈地下室裡的雜物），做出最佳決定。這些簡單的自我照護是愛護自己，不是自私自利。

你不一定要家財萬貫才能關注生活細節。最大的「成本」是你自己的考量，而你也願意付出這個代價。友善、體貼地照顧自己，一如你善待別人，是支持你成為界限大王的有力方法。

自我評估

評估你的自我照護

你現在已經知道，好好照顧自己才能成為界限大王。請用以下清單（如果不在此列，請隨時加入你自己的健康習慣）瞭解你目前自我照護的狀況，評估你是否需要做任何調整。

◆我會定期盡我所能活動身體。

◆我有意識地攝取食物。

◆無論何時何地，只要有可能，我都會優先考慮睡眠品質。
◆我確保在一天當中會攝取足夠水分。
◆我經常找樂子，不讓自己覺得無聊。
◆我會注意自己的財務狀況。
◆我會優先考慮自己是否覺得舒適。
◆我每天都會花時間保持靜止與禁語。（例如靜坐、呼吸、調養能量等。）

利用這些資訊做必要的改變，調整狀態或創建堅如磐石、可以成為界限大王的自我照護！

心口合一

你越常慶祝小勝利，越愛護自己，就越可能重溫曾經半途而廢的昔日夢想或快樂。你可能已經多年未接觸讓你感到眞心快樂的嗜好，但那個喜歡繪畫或舞蹈，充滿熱情的眞實自我永遠不會消失，只是躲起來了。如果你部分的眞實自我遭到否定或掩蓋，就不會覺得充分自我表達或滿心欣喜。而且重新發現這部分，可以帶來深刻的滿足感，也非常有趣！

重拾遺忘的夢想是成爲界限大王不可或缺的一環，因爲這能拉近內心世界與外在世界的距離。

在調整過程剛開始進行時，案主通常會隨口提起多年前的願望。有些人喜歡唱歌，有些人喜歡捏陶，或始終夢想寫小說或自己開業。有位案主對空中鞦韆頗感興趣。無論各人有哪些興趣，他們內心幾乎總會出現反對的聲音，攔腰截斷這些呢喃低語的願望：「爲了什麼？又有什麼意義？我不可能在體育館賣票表演、在畫廊辦展，或擠進暢銷書排行榜。別人會覺得我很蠢。我辦不到。」其實你可以，而且你必須這麼做。

你正在轉變心態，變得更獨立自主，讓你能眞正感受到無限的可能性。那麼爲什麼不探索能讓你內心充滿光芒的那些事物呢？如果那些事物是你內心深處眞正渴望追求的，你無需將任何成就與特定目標的追求聯繫在一起，以賦予其價值。爲什麼不說它有價值，是因爲你喜歡做這件事呢？或是說因爲當你完全沉浸在帶給你快樂的事物中時，你會感覺很好？

如果你能改變你對心之所向事物的看法，就能改變人生。也許你甚至有新的夢想，而且比以前想像的更勇敢。當你讓喜悅指引你的行爲，就能從事更多你熱愛的事情，也更有活力，更能表現自己，分泌更多愉悅的荷爾蒙，讓你更加眞實地展現自己等等。還有什麼比這更好呢？

一正視人生的所有經歷一

自我慶祝、自我照顧和自愛帶來的能量無可估量。當我們活出眞我，做出獨立自主的決定來設定健康的界限，我們就能眞誠地付出，將我們的幸運神仙粉撒在自己和世人身上，而不是讓所謂的慷慨散發出令人煩躁的煙霧。那種神仙粉有純粹的魔力，而且是專屬於你的純粹魔力。

將你的魔力帶到生活中並不會使你的生活完美，你有時還是會不想努力，或陷入重蹈覆轍的界限模式。但是，如果你堅持走自愛、自省和自我關懷的道路，你的界限大王的基礎就不會崩潰。相信我，總有一條前進的路。

在努力成爲界限大王的過程中，我意識到那些「喔，完蛋了！」的時刻，其實可以成爲深度治療、連結和愛的時機。

幾年前，我和閨密拉娜一起參加會議，我們聽著某位著名精神導師趾高氣揚地鬼扯一通。我發現自己很生氣，心想：這個女人是個愛批評的混帳。她哪位啊？我氣到半途就溜了出來。

後來午餐時，拉娜問我為何離席。我開始變得激動，「她的假設毫無道理。那個女人根本不瞭解我！」我繼續說，直到拉娜輕輕靠過來，用最富有同理心的聲音說：「還有誰不認識你，泰莉？」

喔。我突然明白了。是我的父親。

演講者踩到我多年前的痛處，喚醒我內在小孩的殘存傷痛。雖然我在父親過世前已經修補父女關係，偶爾仍然會感到內心深處的悲傷。我之所以分享這件事，是因為你可能也會發現，你有時還是會為童年錯過的事情揪心，儘管你早就能自在地設定健康的界限和自我表達。

成為界限大王並不表示你永遠不會再遇到問題，或是不再經歷源於童年所造成的創傷，但它意味著你能更輕鬆優雅地面對這些時刻，並利用它們加深你與自己和他人的親密關係。我和拉娜展開深入交流，最後，我覺得自己更完整地感受到了自己。

正視所有人生經歷不會削減你的魔力。恰恰相反，它可以大幅倍增。

享受「忠於自我」的附加利益

你越忠於自我，對別人也越眞誠。身爲界限大王，你會意識到你的本能反應——比如主動提供建議給你大嫂、犧牲自身利益維持和平、把別人的需求放在自身需求之上——並不是那麼有助益、有愛心或有必要。當你不再提供速成解決方案，導致自己捲入別人的問題，你才能眞正看到眼前的人，帶著他們的美麗、混亂和人性光輝，你也才能更人性化。當你更加信任自己的內在智慧，自然會相信別人也能求助於他們的內在智慧。

建立健康的界限不僅是爲了讓別人看見、聽到和瞭解你，也是爲了幫助你與身邊的人建立更深厚的情誼。現在你也能看見、聽到和瞭解他們。缺乏足夠距離的人際關係，永遠不會完全令人滿足。但如果雙方都能互相支持，並且讚揚對方最眞實的自我呢？這種關係極其親密，難能可貴。

一旦看清楚自己的內心，你會對其他人以及他們如何展現自己的個人魅力有新看法。我們身邊有各式各樣的自我照顧、自愛和踰越界限的範例，留心觀察可以支持你不斷成長、擴大個人空間。隨著你的界限越來越健全，你可能會以全新角度看待別人的行爲，對以前身陷界限煉獄時感到惱火的事情也不再覺得困擾了。

即使是以前會惹惱你的人，如今在你眼中也有新樣貌。現在你開始把自己放在首位，便能欣賞要求高的朋友「以我爲先」的處事風格，你不會再覺得那麼反感。你轉換成界限大王的視角，開始欣賞那些說眞話、希望別人看到、理解的人。你現在明白了。

自我評估

練習感恩

在你成為界限大王的過程中，除了要挖掘和整合過去痛苦的經歷，找出問題並自我療癒，同樣重要的是要培養定期的感恩練習，認識並珍視現在生活中的一切美好。

花點時間，想想你對生活中的經歷、人物或地方的真誠感恩。你可以參考以下的清單，並根據你的需求做調整。

- ◆新鮮咖啡的香氣、烘焙麵包或剛除過的草皮的味道
- ◆城市景觀、蜂鳥或夕陽的美
- ◆馬勒的天才，古老的摩城風格，或亞莉安娜·格蘭德的深情歌聲

◆支持你、鼓勵你、希望你成功的人
◆大海的聲音，寶寶的笑聲或啁啾鳥啼
◆你最愛的放鬆地點，例如舒適的床、森林、美麗的公園或你的禪修角落

你有何感受嗎？就我而言，每當我想到寶寶的笑聲，就覺得開心。記住：你注意力在哪裡，能量就會流向那裡。情緒低落時，就用這個練習加強你的感恩之情，提升情緒。

改變，永遠不嫌晚

幾年前，我受到暢銷書《創造生命的奇蹟》作者兼出版社「賀氏之屋」創辦人露易絲·賀演講的啓發。她剛開始演講就問：「在座有誰認爲自己的年紀太大，人生已經來不及了？」當時有很多人舉手。賀說，「我今天想傳授一個觀念，那就是你們並不會來不及。」她接著分享她的成就，包括她五十歲才出版第一本書《創造生命的奇蹟：身體調癒A——Z》，五十八歲創建身心靈界的龍頭出版社「賀氏之屋」。實踐眞我，永遠

不嫌老，永遠不嫌晚。直到今天，我依然記得她的話觸動在座的每位聽衆，記得我的心從恐懼轉爲滿懷希望。我離開時心想，也許我來得正是時候。

無論你年紀多大，永遠都不遲。

我希望你明白，你是獨特的個體，你的選擇都有你的獨特性。眞的，世上只有一個你！就每個方面，這都是眞實的。沒人有你的DNA，以後也不會有。如果你覺得自己注定要做得更多，行，那就慶祝吧！面對眞正的自己，將爲你開啓一條探索、擁抱和表達自己偉大之處的康莊大道。

成爲界限大王是選擇獨立自主，繼而改變一切。俗話說，不要讓你內心深處的夢想和才華未能得到發揮，否則就剝奪了你對自己和這個世界的獨特貢獻。我們沒有足夠精力可以維持現狀又兼顧個人發展。讀到這裡，我想我們都同意，維持現狀沒那麼了不起。

我不知道你怎麼想，但我從未聽過有人臨終前說：「眞希望我能更放棄自己和自己的需求，」或「我眞希望當時能竭盡全力，討好那個忘恩負義的鮑伯。」相反地，我們多半會後悔自己沒做的事情。我記得我聽過有個罹癌的婦女大限將至，她看著鏡子裡的自己，心想，眞希望我沒對自己那麼苛刻。她眼前閃過所有她未曾探索的可能性。如果你的選擇出於堅固的自愛，你的遺憾就不會太多。關鍵就是記住，你絕對有選擇。

練習自愛和設定健康的界限時，就是撰寫屬於你自己的劇本。你寧可永遠不說出你的故事？或是讓別人決定你的故事？重要的是你認爲什麼是有關聯，甚至是無價的。你的故事只能由你來說。世上沒有一個人有權利過你的人生，透過你的眼睛看到這個狂野、奇妙的世界。

我們從躲躲藏藏轉變爲慶祝眞我，就能眞眞切切地掌握自己的命運。在我看來，你的眞我不是一成不變的。當你探索、發現與生俱來的天賦和才能時，你的眞我必須經過栽培、策畫。正如組織心理學家亞當·格蘭特所言：「我們不必被困在單一的眞我當中[17]，我們可以嘗試新身分，並將它們變成我們自己的。我們不見得要忠於自我，我們可以忠於我們渴望的自己。」你的選擇會影響你如何正視眞我。因爲這層正視，你會花更多精力漸漸成爲最眞實、最崇高的自我。這就是我們對這個世界最大的貢獻。

無論你覺得這本書哪個段落對你特別有用，都要用智慧將之消化吸收，化爲你的想法。哪怕你只記得一句話，導致你採取行動或想法，幫助你認清事實、減少痛苦，那麼我就成功了。書中的工具和策略都是基礎。隨著你持續成長、進步，在每個階段都會發現這些工具和策略的意義。隨著你拓展眞我，不同的眞相會讓你產生共鳴。概念一樣，但因爲你的想法持續進步，而更具意義。

夢想不嫌大，要勇敢相信你的夢想很重要，就像你很重要一樣。相信你自己的重要性。看到自己的內在價值，你就是勢不可擋。忠於自我，根據內心最眞實的願望而活所產生的漣漪效應，比你想像的還要深遠。

允許自己用不同的方式做事、改變心意、說「不」、偶爾搞砸、大笑、唱歌、微笑，放膽，或單純地活著。最重要的是，爲你自己做決定。

你辦得到的，界限大王。我就在這裡爲你瘋狂加油打氣！

界限大王練習

1. **初階練習：**

每當你採取新的界限大王的回應或心態轉變時，都要好好慶祝。感知每次新的

17 作者註：「眞實是雙面刃」(Authenticity Is a Double- Edged Sword)，作者是Adam Grant，發表於ted.com/podcasts/worklife，資料查閱於二〇二〇年四月十日。

進展作。也許看起來是小事，即使小改變也很重要。其實就是這些持續的小步驟創造出長長久久的轉變。

2. **進階練習：探索更多線上工具。**

現在就適合舒服地待在禪修角落，探索更多工具、策略、有療癒效果的靜坐、能量練習等。我在BoundaryBossBook.com/bonus為你準備的「界限大王特典補充包」，我們網站見！

個人教戰大補帖——化知識為行動

以下的練習是成為界限大王的關鍵，千萬別跳過！
每個練習都能幫你消化你對「界限大王精神」的理解，引領你培養必要技能，將所學付諸行動。
如要探索其他工具、策略或下載、列印，請上BoundaryBossBook.com/bonus的「界限大王特典補充包」。

第一章　從界限魯蛇到界限大王

打造你自己的禪修角落

打造禪修角落很簡單，你可以選擇適合自己的方式。

❶選定地點：可以選擇房間角落、整個房間，或者床頭櫃一角。只要你覺得愉快、舒服就好。

❷加上個人特色：用令人舒緩、能帶來靈感的物品加以裝飾，例如一串閃爍的燈泡、蠟燭、精油、柔軟的毯子、靠墊，或你最愛的礦石或水晶。只要你覺得受到呵護或鼓舞，就是最完美的方式。

這是你的神聖空間。一旦布置好了，就常回來此處反思、寫日記、做呼吸練習、靜坐冥想，甚至只是爲了放鬆片刻也會有所幫助。這是專屬於你的空間。

靜坐

專心靜坐能爲你和你的人生創造更多空間。事實上，你所有互動都可以因爲靜坐而延後二到三秒的回應時間。這種必要的停頓能讓你做出回應，而不是反應，效果十分強大。

- 從簡單的方法作爲入門。一開始的目標是坐個五分鐘，你可以設置計時器。
- 坐下來，點根蠟燭，慢慢深吸一大口氣。
- 唸誦衆人都能接受認可的簡單梵文口訣：so hum，意思是「我就是」。吸氣時默唸 so（「我就」），呼氣時默唸 hum（「是」）。
- 每天都要靜坐，如果有可能，一早就做。每天增加幾分鐘的靜默，注意你的生活會有什麼變化。覺得自在之後，嘗試每週增加一分鐘的練習時間，最終可延長至二十分鐘。

另外，請上BoundaryBossBook.com/bonus參考免費指導，以及額外的正念工具和補充策略。

第二章　建立個人邊界的基本功

「可接受」／「無法接受」清單

在禪修角落集中精神吧，各位準界限大王。拿出日記本，想想有哪些你可以接受以及不喜歡的事情（「可接受」／「無法接受」清單）。你越知道自己喜歡什麼、討厭什麼，就越容易確定在人生各個領域想要設定的界限。

用以下問題當指南，寫下大略的清單。你也可以分多次完成它，當狀況發生時先即時記錄下來。也許你會發現，在列出一長串「無法接受」的清單之後，「可接受」的事項也會增加。努力創造一個在你人生各個領域，包括人際關係在內，目前「可接受」／「無法接受」的清單。

- **家**。你希望有什麼樣的環境？考慮噪音程度、採光、氛圍、材質、清潔度等因素。
- **工作**。你喜歡你現在的工作嗎？考慮你如何與同事互動、周遭環境、工作條件、企業文化等因素。

- **財務**。談到財務問題，關於支出、儲蓄、與另一半共同理財或與他人分攤費用時，有哪些事情「可接受」／「無法接受」？你能接受只有一點點存款嗎？還是要有高額存款才會讓你有安全感？
- **戀情和約會**。你比較喜歡穩定交往或隨興約會(date casually)？你喜歡哪種溝通方式：簡訊、電話還是視訊？你喜歡如何解決問題？在經營一段感情時，你可以共處或分開多少時間？在什麼地方、什麼時候、和誰發生哪種性關係是可接受的？
- **身體**。你現在的身心健康狀況良好嗎？你是否有每天或每週必須堅持的習慣（如：瑜伽、靜坐冥想等）？你是否希望更健康，但無法堅持健康的行爲？
- **個人空間**。你需要多少個人空間？你喜歡握手還是擁抱？你喜歡被碰觸嗎？面對親密朋友或愛人，以及陌生人或點頭之交，你對肢體接觸的態度又有何不同？
- **信念和觀點**。當別人的信念和觀點與你不同時，你能接受嗎？你能以開放的心態傾聽，還是動不動就批評人？如果別人不贊同你的看法，你能支持自己的信念或觀點嗎？你可以接受與人進行熱烈的激辯嗎？

- **你的個人物品**。別人能否借用你的財物、吃你碗裡的食物，或是向你借錢？
- **溝通**。你喜歡與朋友、家人和另一半進行頻繁的溝通嗎？你喜歡深入交流或隨興地談話？你可以接受別人打斷你說話嗎？
- **社交**。你喜歡外出還是待在家裡？你比較喜歡參加團體活動，還是更喜歡一對一的交流？你可以接受現場音樂會、遊行、派對、酒吧、人群嗎？
- **人際關係**。列出在目前的人際關係中，你無法接受的事情。

你的清單會隨著成爲界限大王的進展而有所改變。記住：只有你知道哪些事情可接受或無法接受。你越正視你的清單，就越能掌握自己的命運，並眞心感到滿足。

第三章　給別人需要的，而不是你認為他們想要的

情緒勞動評估

用以下清單檢視是否存在情緒勞動的不平等關係，以及你是否過度承擔責任。

情緒勞動清單

□我常覺得我爲所有人做了一切。
□我希望身邊的人能更明白我付出的心力。
□我有時會感到不堪負荷和不滿。
□我常幫身邊的人當傳聲筒。
□要是沒有我，就什麼事情都做不成。
□我覺得有責任解決別人的問題和難處。
□我的另一半／朋友／父母／上司常低估完成工作所需的時間和心力。
□我於公於私都是負責解決問題的關鍵人物。
□有時我在進行社交互動後會感到筋疲力盡。
□我自認有高功能關懷強迫症。
□我常認爲如果想把事情做好，自己做會更容易。
□有時我會感到莫名的疲憊。

你勾選的項目越多，代表你付出的情緒勞動越多。你要意識到這些情況，並考慮設定更健康的邊界，以確保情緒勞動能更平衡分配。

需要省思的問題

- 你在哪些方面做出自願或非必要的情緒勞動？
- 在你的人生中，你在哪些層面都是主要的負責人？
- 你的另一半／兄弟姐妹／同事在哪些層面都是主要的負責人？

列出你目前負責的任務，包括情緒或實際的工作清單，看看你在哪些方面可以委外分派，找人討論，不再過度努力。在人際關係中創造更多的公平性，可以減少你的不滿情緒，並增加你的能量。

第四章　界限失守是如何形成的？

拆解你的界限藍圖

這個練習是成爲界限大王的基礎。其實你在第四章第98頁的「自我評估」中就已經開始練習了。不過那只是簡介，現在則是進階練習。

童年時期的原生家庭有特定的處事規則，決定了家庭成員彼此之間以及與外界的關係。這些規則爲你現在於公於私能否完善地設定界限奠定了基礎。

在你的禪修角落專注閱讀以下問題，然後給自己一些時間和空間來反思及回憶，並且就你回答「是」的問題另做紀錄。最好分次完成這項練習，以便更全面地探索和理解自己的回答，並獲得更深入的洞察力。

- 你的原生家庭是否有虐待、成癮、嚴格管教或忽視冷落的問題？
- 你的父母、照顧者或撫養者是否不擅長解決問題？他們是否以敵意、沉默或語言、身體暴力應對衝突？
- 你是否缺乏身體和物質上的隱私？（你能關上臥室的房門嗎？你的東西別人可以

隨意拿走或取用嗎？還是需要獲得你的允許？）

- 是否每個人都知道其他人正在做什麼？家人是否會過度干涉對方的私事和人際關係？
- 是否有一個或多個家庭成員會控制其他人？
- 你是否會因爲說「不」，或不贊成他人的意見而受到懲罰？
- 你家是否相信只有一種「正確」的處世方法，而不太能容忍新想法或建議？
- 如果你的想法和感受與他人不同，是否就會遭到勸阻，不要表達「異見」？
- 你是否會因爲「乖巧」而受到表揚或獎勵？包括順從、合群、有禮貌和客氣？
- 別人是否經常無端給予你建議或批評？
- 你的情緒和／或身體需求是否遭到忽視？

深入反思你回答「是」的問題，就能讓你更清楚家人彼此之間的互動，以及你們與外界的關係。看清楚你的界限藍圖，接下來的界限大王之旅就有更清楚的指南。

第五章　別用過去的創傷，懲罰現在的自己

憎恨清單

唯有你才能讓自己擺脫新仇舊恨。要放下這些怨念，覺察是第一步。底下的快速自我評估工具可以幫助你瞭解你的感受和需求。閱讀問題並列出答案，然後你可以決定是否要採取行動。

- 現在有什麼事情讓你感到忿忿不滿？
- 有哪件事情讓你覺得不安、受傷或被忽視？
- 過去有哪些經歷至今仍讓你覺得不滿？

如果你還心懷宿怨，可以考慮用寫日記、寫一封不會寄出去的信來記錄它們；或者在適當的情況，直接向對方表達你的感受。界限大王會正視自己的怒氣，說眞話，表現眞我。這個練習只是爲了讓你自己得到解脫，而不是爲了原諒或寬恕別人的行爲。

第六章　3Rs策略：辨識—放下—回應

瞭解你的偏好、欲望和底線

在成爲界限大王的過程中，現在是仔細區分你的偏好、欲望和底線的好時機。回到先前列出的「可接受」／「無法接受」清單（「個人教戰手冊」第二章，第290頁）。根據你感受的強烈程度，將清單分門別類。哪些是偏好（如果能擁有就太棒了）、是底線（絕對不能踩到的地雷），還是欲望（介於兩者之間）？

切記，只有你最了解自己的需求。你的感受不需要得到別人的許可。檢視此項清單，就能釐清你在哪些方面還有商量的餘地（偏好），在哪些方面無法忍受，也不該妥協（底線）。

非典型讚美

自我喊話會影響自尊、壓力和行爲的個人主張。你可能沒意識到，消極的自我貶抑也是自我喊話，只是它強化了你不想要的東西，例如失序的界限。

所以要有意識地選擇積極的自我喊話，以提高自尊，減少壓力，並重新訓練你的潛意識。這很重要，因爲你的潛意識思維會影響你的行爲。並且幫助你專注在你想要的事物上，而不是執著於你的恐懼或傳承而來的定見。

先想一些關於你自己、你的人生或這個世界的正面自我喊話，然後在一天中重複它們數次。打造個人化的自我喊話包括：

- 以第一人稱書寫(用「我」)。
- 使用現在式。
- 只用肯定句表達將會成眞的事實，而不是無法達成的事。例如，不要說「我不再每天筋疲力竭」，這是負面表列，而要反過來說「我每天都覺得越來越有活力！」
- 長話短說。
- 在情緒上要對你有意義；也就是你覺得這句話很合理。
- 當你說出來時，能感受到與這句話相符的情緒。

以下是一些入門的簡單範例：

- 我無條件地愛自己。
- 我能從容而優雅地表達我的偏好、欲望和底線。
- 我能以對人友善和體貼的同樣方式對待自己。
- 我每天都把自己的快樂當成首要任務。
- 我很容易做到心情平靜、放鬆。

當你發現腦海中閃過自我貶抑或出於恐懼的陳述時，輕柔地讓自己回到積極的自我喊話，感受正面意涵帶來的感受。請注意，語言有翅膀和創造力，它們可以飛翔，引發萬事萬物的變化。用你想要的方式談論你自己、你的人生和潛力。

你也可以在日常生活中使用更普遍的自我喊話。例如：

- 每件事都能以輕鬆優雅的方式進行。
- 我一定有足夠的時間。
- 我受到神聖的指引和保護。
- 我很富足。

- 我所有的需求都能輕易得到滿足。
- 我是被愛的。
- 我是有價值的。
- 我對所有的祝福都心存感激。

有意識地使用自我喊話，可以增強你向宇宙發出的能量振動，進而正面影響你所吸引的經驗。

第七章　從消極反應，到積極出擊

信實的溝通

許多人認爲說善意謊言來避免衝突沒有害處。但對於界限大王而言，這並不正確，尤其是對你看重的人更是如此。只說一半眞話、隱瞞特定訊息，或容忍他人也這樣做以維持和平，只會破壞你內在的力量和健康的界限。

要評估你目前溝通的誠實度，請在你覺得有共鳴的行爲處打勾：

□我會說違心之論以避免尷尬，例如參加我根本不想去的活動。

□我有時會用善意謊言避免衝突。例如我可能會不想接要求嚴苛的朋友的來電，或者瞎掰自己正在吃晚餐，其實不然。

□我多半會奉承別人，以操控局面。

□我會違背對自己和他人的承諾。

□我會在朋友背後抱怨他們，但鮮少直接對他們表達我的不滿。

□當有人在我面前嚼舌根、講冒犯別人的笑話或發表仇恨言論時，我通常保持沉默，而不是表達我認爲這樣做並不妥。

□即使我知道有人不誠實或不守信用，也很少當對方的面說出來。

□我經常爲別人的惡劣行徑找藉口，而不是直接點出問題所在。

你打勾的項目點出你在哪些方面的溝通缺乏誠信。現在，從其中選三到四個答案，寫下每個缺乏誠信的案例在哪裡發生、何時發生、對象是誰，以及你後來的感受。

透過這個練習，你學到哪些關於自己模式的事物？利用這些知識，在下次做出不同的選擇，這樣你就能以更有意識和更有誠信的方式進行溝通。

第八章　是過渡期，也是關鍵時刻

追悼夢想

在成爲界限大王的過程中，經常會發現令人痛苦或失望的童年經歷。若要正確地正視並放下這些經歷，我們就得接受眞相，並悼念那些我們渴望發生的事。誠實地追悼童年創傷，但不要怪罪和批判，將使你得到解脫，在當下的人生創造更多心滿意足的經歷和喜樂。

請遵循以下三步驟：

❶找出你需要正視的童年創傷。

❷寫下實際發生的事情，以及你希望當時的情況是什麼樣子。具體說明你的感受，並對自己和你的痛苦有同情心。

❸現在，撕下那頁日記，在水槽、花園或任何可以安全使用火的地方燒掉。進行

燃燒儀式相當有力量，可以釋放對過去創傷的執念。（如果無法安全燒毀，也可以將它撕掉。）

第九章　如何面對界限破壞王？

界限破壞王名單

如果你正與界限破壞王對抗，必須瞭解自己打交道的對象。第一步是盤點他們的有毒程度，包括操弄策略、以前如何侵犯界限，以及你與此人的關係是無法分開還是有其他選擇。

這個練習可能會引發你強烈的情緒。請對自己溫柔，就當自己是富有同情心的觀察者。

使用以下步驟，逐一蒐集與界限破壞王有關的情報。

❶ 對象：家人、朋友、另一半、兄弟姐妹、上司、同事等。

❷ 歷史：他們是初犯者（你尚未與對方進行過界限對話），還是多次界線慣犯（你們

曾進行對話與溝通，但對方並未改變）。

❸他們的行爲：冷暴力溝通、心理操控、任何形式的虐待、成癮問題、甜蜜轟炸、不誠實，＿＿＿＿＿＿（請自行補充）。

❹影響：恐懼、焦慮、怨恨、疲憊、自尊心低落、財務損失，＿＿＿＿＿＿（請自行補充）。

❺關聯：不重要、很重要或不得不打交道（例如共同撫養孩子）。

一旦你辨識出目前的模式，就更能按照策略，成功因應。爲了幫助你制定計畫或進行下一步正確的行動，請參考第242頁「限制傷害的程度」。

第十章　真實世界的界限

更高階的界限

現在你有了工具（逆勢出擊的計畫、3Rs策略和腳本）來設定界限，再加上在腦中演練的技巧，能進一步支持你成爲界限大王。在腦中演練可以幫助你擺脫固有模式，事先聯想你所期望的結果，以及發生之後的感受，這種方法有助於願望成眞。

允許自己和你的感官超脫目前的事實，設想你的願望已經成眞。想像時要盡可能地鉅細靡遺，並且感受捍衛界限的溝通會帶來的感受。

按照以下三步驟，來創造更高階的界限。

一、**預視**。在腦中演練自己參加重要會議、協商或年度考核。不要把注意力放在你所擔心的事情上。（例如你會緊張、同意不利的條件，並感覺遭到羞辱。）只要想著你希望會發生的事情。在你的腦海中，看到篤定強大、能言善道、有自信的自己——無論最後的結果如何。

二、**自我喊話**。以積極、正面的方式談論你自己、你的願望和你的潛力。（例如，自我喊話不要說「我希望不會口吃，」而是「我有信心我值得加薪。我會從容協商。」）

三、**去感受**。輕輕閉上眼睛，深呼吸。在腦海中繼續想著先前創造的畫面。接著用所有的感官設想實際體驗的感受。（例如，房間溫度適中，椅子坐起來很舒服，你覺得放鬆、有自信。你說的是實話，而且自我感覺良好。你爲自身的價值據理力爭，離開時覺得很自豪。）

你可以在任何情況於腦中演練。只要持之以恆，對你每天設定新界限的能力就有深刻的正面影響。每天早上花五分鐘做這個練習，以發揮動機的神奇力量。

謝辭

寫這本書是靠一群優秀人才的鼎力相助，我深深感謝他們的大力支持。

首先，也是最重要的，我要感謝另一半Victor Juhasz，感謝他無比的耐心和全副的心力。在過去一整年，他幾乎包辦所有事情，不只是採買、下廚、洗衣服、加油打氣，還要說笑解悶。過去二十四年來，他始終以同樣感性的幽默、慷慨和奉獻精神持續付出。我最愛你了。

謝謝我們成年的兒子Max、Alex、Ben以及他們美麗的家人，他們激勵我努力成爲最眞實的自己，並且諒解我躲起來寫作時的缺席。我非常愛你們。

感謝我的母親Jan Cole和我的姊姊Tammi Rothstein、Kimberly Epstein和Kathy Hughes，謝謝妳們教會我互相扶攜的姊妹力量有多大，臨時起意的舞會有多歡樂。

感謝尼克森在任期間就和我交好的閨密：Donna McKay、Carrie Godesky、Ilene Martire、Cathy McMorrow、Maureen Ambrose和Denise Perrino，謝謝她們五十年來團結一心，容忍我這三年來不斷談論界限問題。

謝謝支持我、啓發我、帶給我靈感的這幾位，我太幸運了，謝謝Lara Riggio、JoAnn Gwynn、Patty Powers、Danielle LaPorte、Kris Carr、Kate Northrup、Debbie Phillips、Amy Porterfield、Christina Rasmussen、Christine Gutierrez、Jessica Ortner、Julie Eason、Davidji、Deb Kern、Gabby Bernstein、Richelle Fredson、Latham Thomas、Elizabeth Dialto、Suzie Baleson、Carole Gladstone和Taryn Rothstein。

感謝我敬愛的ＴＣ團隊在過去一年慷慨地彌補我的不足。特別感謝Tracey Charlebois的策略魔力以及無限的耐心和善意。感謝我生死之交的得力助手Joyce Juhasz，她讓我的生活有序，保持理智，每件事都幫我把關。

感謝Suzanne Guillette，我值得信賴的共同創作人和朋友，謝謝她陪我們度過一個週末的計畫會議，最後成了三個月的寫作馬拉松。沒有妳，就沒有這本書。

感謝我的經紀人Stephanie Tade，她比我更早知道我有作家魂，並且在耐心等候十年後，我終於不負她的期待。

感謝Sounds True出版公司每個孜孜不倦的夥伴。特別感謝副社長Jaime Schwalb的指導、耐心和善意，謝謝她鼓勵我用我獨特的角度看待這個題材。感謝我的企劃編輯Joelle Hann，她的洞察力和才幹幫助我的文字更流暢，更優雅。我還要感謝副組稿編輯Anastasia Pellouchoud，謝謝她「找到」我，帶我回到Sounds True。

人生顧問 CF00492

有界限，才有自由：
擺脫內疚與情緒勒索，設立健康的人際邊界

作　者—泰莉．柯爾
譯　者—林師祺
主　編—郭香君
責任企劃—張瑋之
封面、內頁設計—李佳隆
內頁排版—新鑫電腦排版工作室

編輯總監—蘇清霖
董 事 長—趙政岷
出 版 者—時報文化出版企業股份有限公司
108019台北市和平西路三段二四〇號七樓
發行專線—（〇二）二三〇六—六八四二
讀者服務專線—〇八〇〇—二三一—七〇五
（〇二）二三〇四—七一〇三
讀者服務傳真—（〇二）二三〇四—六八五八
郵撥—一九三四四七二四時報文化出版公司
信箱—10899臺北華江橋郵局第九九信箱

時報悅讀網—http://www.readingtimes.com.tw
綠活線臉書—https://www.facebook.com/readingtimesgreenlife
法律顧問—理律法律事務所　陳長文律師、李念祖律師
印　刷—勁達印刷有限公司
初版一刷—二〇二三年八月十八日
初版二刷—二〇二四年五月三十日
定　價—新臺幣四五〇元

時報文化出版公司成立於一九七五年，
並於一九九九年股票上櫃公開發行，於二〇〇八年脫離中時集團非屬旺中，
以「尊重智慧與創意的文化事業」為信念。

有界限，才有自由：擺脫內疚與情緒勒索，設立健康的人際邊界／
泰莉．柯爾（Terri Cole）作；林師祺譯. -- 初版. -- 臺北市：
時報文化出版企業股份有限公司, 2023.08
面；　公分. --（人生顧問；492）

譯自：Boundary boss : the essential guide to talk true, be seen and (finally) live free.

ISBN 978-626-374-158-4（平裝）

1. CST: 自我實現　2. CST: 生活指導

177.2　　112011829

Boundary Boss：The Essential Guide To Talk True, Be Seen, And (Finally) Live Free

ISBN 978-626-374-158-4
Printed in Taiwan